# 出版说明

本译丛的第一批共八部，是从英国开放大学出版社（Open University Press）出版的“犯罪与司法”丛书（Crime and Justice）中挑选出来的。“犯罪与司法”丛书是国际专业领域中颇有影响的一套丛书，由英国著名犯罪学家麦克·马吉尔（Mike Maguire）任丛书主编。该丛书是英国乃至整个西方国家“教授犯罪学和刑事诉讼法学的关键资料”。应该说，它是一套教学参考书，注重于为进一步研究“提供坚实的基础”，不仅在书后附有大量参考文献，而且在正文中也给予了提示性的处理，译者基本是原封不动地加以保留。因此，请读者注意：正文中往往有这样的情况，某个论点之后有个括弧，其中有一或两个英文人名，接着有一个或一组数字，这是指此观点见于该作者某某年的出版物的某某页，这个出版物的名称一定包含在书后的参考文献中。恰恰是为了读者寻找到参考文献的原文的便利，我们未将参考文献翻译成中文，而是将原参考文献附在中文版书后。

现代西方犯罪学译丛
丛书主编：［英］麦克·马吉尔

# 解读犯罪统计数据

## ——揭示犯罪暗数

## Understanding crime data

## ——Haunted by the dark figure

［英］克莱夫·科尔曼
［英］詹妮·莫尼罕 著
靳高风等 译

中国人民公安大学出版社
·北 京·

**图书在版编目（CIP）数据**

解读犯罪统计数据：揭示犯罪暗数/［英］科尔曼等著；靳高风等译.
—北京：中国人民公安大学出版社，2009.3
（现代西方犯罪学译丛）
书名原文：Understanding crime data——Haunted by the dark figure
ISBN 978-7-81139-348-4

Ⅰ.解… Ⅱ.①科…②靳… Ⅲ.犯罪学—统计数据—研究
Ⅳ.D917

中国版本图书馆 CIP 数据核字（2008）第 198355 号

**解读犯罪统计数据**

——揭示犯罪暗数

Understanding crime data

——Haunted by the dark figure

［英］克莱夫·科尔曼
［英］詹妮·莫尼罕 著
靳高风等 译

**出版发行**：中国人民公安大学出版社
**地　　址**：北京市西城区木樨地南里
**邮政编码**：100038
**经　　销**：新华书店
**印　　刷**：北京蓝空印刷厂

**版　　次**：2009 年 3 月第 1 版
**印　　次**：2009 年 3 月第 1 次
**印　　张**：14.25
**开　　本**：787 毫米×1092 毫米 1/16
**字　　数**：180 千字

**书　　号**：ISBN 978-7-81139-348-4/D·300
**定　　价**：38.00 元

**网　　址**：www.cppsup.com.cn　www.porclub.com.cn
**电子邮箱**：cpep@public.bta.net.cn　zbs@cppsu.edu.cn

营销中心电话（批销）：(010) 83903254
警官读者俱乐部电话（邮购）：(010) 83903253
读者服务部电话（书店）：(010) 83903257
教材分社电话：(010) 83903259
公安图书分社电话：(010) 83905672
法律图书分社电话：(010) 83905637
公安文艺分社电话：(010) 83903973
杂志分社电话：(010) 83903239
电子音像分社电话：(010) 83905727

Clive Coleman, Jenny Moynihan

**Understanding crime data – Haunted by the dark figure**

ISBN: 0 – 335 – 19518 – 0
北京市版权局著作权合同登记号：01 – 2007 – 4009

**译　者：**（按姓氏笔画排列）
井　娜　齐静端　李冠东
李春雷　郝英兵　曹　虹
靳高风
**校　订：**靳高风

# 目　录

# 丛书主编序言

本书是关于犯罪学、刑事司法和刑罚学领域中的具有争议话题的系列丛书中的第二本。这套丛书由资深的教师和研究者编写而成，旨在提供一本相对简洁而容易理解的教科书，它将为本科生和研究生在这些相关领域的学习打下坚实的基础，同时我们也希望，本书对犯罪学问题的思考能引导学生进行更深入的专业探索。考虑到学生缺乏此领域的学习背景，在本书中，我们尽可能地使用通俗易懂的语言，并且尽量给学生留下关于这些学科的全面印象。相反，所有的作者都想吸引读者并鼓励他们用一种批判和质疑的思维来接受犯罪学的知识和理论。

克莱夫·科尔曼和詹妮·莫尼罕的这本教材涵盖了这一领域研究的起源和发展过程，明确了这一研究的地位以及犯罪学数据资料的应用等诸多方面。犯罪统计数据资料是怎样产生的？它们的可靠程度如何？它们是否真实地描绘并揭示了犯罪现象？根据作者的阐述，这些问题都是整个犯罪学事业的基石。他们说明了例行公事收集起来的各种形式的数据资料（如显而易见的警方犯罪记录和法庭判决的犯罪记录）是怎样一直支撑关于犯罪的范围和本质以及犯罪人特征的这些专业知识的。他们也讨论了从大规模的犯罪调查、自我报告研究和所有个人研究项目中所收集到的数据资料的作用，这些数据资料对官方所界定的“犯罪”提出了挑战，检验或支持了关于犯罪原因的理论，并主动地影响了犯罪预防战略的制定和实施。本书所涉及的更深入的内容是本书的一个特色：虽然通过完整的和系统化的方法解决了争论的方法论问题，但是，本书根据自身目的并没有坠入复杂的技术问题的争论之中。而且，作者采用生动、诙谐的风格，用具体、形象的例子来阐述并说明所争论的问题。

其他关于“犯罪与司法”系列丛书——刑罚理论（Barbara Hudson）、犯罪学理论（Sandra Walklate）、刑事司法和刑罚体系（Mike Maguire）及青少年与犯罪（Sheila Brown and John Macmillan）等，在日益增多的关于犯罪领域的研究中，这些都是核心的参考文献，并且每本书都应该成为该学科的核心课程或培养方案的理想教材。为了便于理解，本书不仅在每章中都提供了清晰的总结，而且在每章开始提供了关键词和专业术语，并在最后列出了关键词和专业术语的附表，这也是本书的一个重要的特点。此外，为了帮助学生扩大在具体领域的知识，在每章最后我们都提供了一些供进一步阅读学习的文献。

最后，我要再次感谢 Roy Light 和 John Skelton 给予的最初建议，促使我着手编辑这一领域的系列丛书，也要感谢 Jacinta Evans，John Malherbe，Nick Evans 和 Pat Lee（电力大学出版社退休或在职的员工）对本书出版提供的帮助。最重要的是，要感谢作者，是他们使我的编辑工作既轻松又快乐。

麦克·马吉尔

# 前　言

本书的目的在于提供一个关于犯罪数据资料研究的入门性指导，同时，在书中我们也尽量不减少研究者在这个领域中深入探索的东西。例如，我们尽可能地减少具体数字和复杂图表的展示，但我们没有回避关于这些数据资料的解释分析和应用的较难的问题。我们关注的焦点是哪些定量数据资料能够告诉我们关于犯罪与犯罪人的知识，同时我们也清楚，有些其他重要的数据资料形式（如揭示犯罪某些方面特征的）我们没有纳入进来。我们也不打算用一种包罗万象的方法去讨论那些与刑事司法系统具体工作相关的数据资料，如那些关于定罪和监禁的数据资料等。

在我们长大的那个小镇上，有一个咖啡馆，有时，咖啡馆会摆设一些陶器，从桌子上一直摆到挨墙最近的地方。人们经常会在那里坐上几个小时，期望能够看见藏在陶器丛中的那些陶器，同时也希望见到咖啡馆能够重新摆设家具。早期的犯罪研究不得不利用各种官方统计的数据资料作为唯一的系统化定量研究的原始资料，在这种犯罪数据资料的分析中，研究者同样也常常被暗数（未记录的犯罪和犯罪人）所困扰。因此，在本书的第 1 章，我们首先讨论了在犯罪学学科的发展过程中，各种研究反映出来的犯罪暗数问题。虽然它的存在广为人知，但许多研究并没有受到它的干扰。而对于另外的一些研究，犯罪暗数对犯罪学结构的重新构建构成了很大的威胁。

在随后的几章中，我们分别评述了三种不同的犯罪数据资料。在第2章中，我们具体分析了犯罪和犯罪人的官方统计资料以及我们理解它们的方法。在接下来的两章，我们论述了试图解决犯罪暗数的两种方法：自我报告研究和被害调查，这两种方法是20世纪中叶以后发展起来的。我们认为，虽然这些方法在揭示犯罪数据特征方面是成功的，但有些问题只运用技术上的测量是不能最终解决的。

我们已经调查了用数字表示的犯罪数据资料的三种主要的原始资料，然后我们继续讨论它们所解释的一些关键的问题。在第5章中，我们重点讨论了各种形式的资料所揭示的关于犯罪人的年龄、性别、种族和社会阶层等方面的特征。在第6章，我们首先评述了过去60年间在英格兰和威尔士地区的犯罪统计数据，通过这些数据资料，我们描述了犯罪的趋势。然后，我们继续考虑我们现在也一样考虑的问题：失业与犯罪的关系。当然，我们所关注的关键问题并不是确定的，我们只不过是用一些例子来证明这些数据资料的作用，即通过这些数据资料我们能得出什么或不能得出什么样的结论。最后，我们用一章来总结了我们全书的结论，这一章我们简要概述了在犯罪数据资料领域中一些我们个人的看法。

这本书的成果不是归功于我们自己的，Spike Milligan 的付出使我们受益匪浅。我们的许多朋友和同事对这本教材提出了一些宝贵的建议。我们十分感激 Keith Bottomley，Clive Norris，Dave Metcalf，David Dixon 和 Robert Harris。我们唯一的遗憾是我们始终没有空间来反映他们所有的完美的建议。Jenny 也要感谢 Diane McDonald 给予她的支持。Clive 也要感谢他的女儿 Ellen，当他正在写作这本书时，他的女儿总是耐心地等待他来整理她的房间。我们尤其感谢我们这套丛书的主编——Mike Maguire，他一口气儿读完了这本书，并最先提出了关于这本书的建议，这些建议自始至终帮助和支持着我们写作和修改这本书。然而，我们必须指出，鉴于作者能力有限，一些错误在所难免，请读者见谅。

# 第一章

# 犯罪暗数：困扰犯罪学家的问题

本章主要涉及下列一些关键词和专业术语，这些关键词和专业术语在本书的词汇表中都可以查到，包括政府项目、龙勃罗梭主义的理论、犯罪暗数、道德统计、实证主义、三角测量法、参与观察、生活史调查、社会解组、生态学谬论、白领犯罪、越轨行为、默顿的失范理论、自我报告研究、被害调查、标签理论、病因学、冲突理论、激进犯罪学、越轨加剧、民众犯罪、道德恐慌、民族主义方法论、现实主义者、制度学派和激进理论学派关于犯罪统计的观点、女权主义犯罪学、左倾现实主义者、情景犯罪预防、理性选择论、认识论等。

## *犯罪学的发展，犯罪暗数与冰山的隐喻*

戴维·加蓝德（参见 Garland，1994）认为，犯罪学学科的发展受到而且将持续受到两个方面的影响，即“政府项目”和“龙勃罗梭主义的理论”。前者由 18 世纪以来的一系列经验研究组成，这些研究试图通过绘制犯罪类型图、监控警察和监狱的活动等方式来增强司法机构的高效性和公平性（参见 Garland，1994：18）。直到今天，为达到这一目标，政府及其资助的相关机构仍在收集和整理大量的信息数据，这些信息数据与国家政策、政府行政、管理运作、社会监控等方面的内容有关。在这一项目中，收集和整理的这些信息数据处于中心地位，它们使所提出的理论主张更具有合理性和证据支撑。同时，它们以多种形式构成了这本书关键的主题内容。

“龙勃罗梭主义理论”与“政府项目”有着不同的目标，它是为了构建犯罪原因学——科学地检验关于犯罪及犯罪人的理论的假设。加蓝德认为，这些解释基于一种假设，即犯罪人与非犯罪人相比，在某些方面是有区别的。许多读者对龙勃罗梭及其结论并不陌生，它们推动了犯罪学的发展。尽管现代犯罪学的研究重心已经不再是从个体生物特征上寻求犯罪发生的原因，但龙勃罗梭构建原因科学的终极目标一直在推动着犯罪学的发展。最近一段时期，虽然很多人对“犯罪原因”产生了兴趣，但许多犯罪学家们已经承认，通过早期犯罪学家使用的科学方法来区分犯罪人和非犯罪人是不可能的。然而，我们可以从这种研究中看到犯罪数据的价值。

如果说龙勃罗梭主义者研究的目的在于发现犯罪人和非犯罪人的差异的话，那么我们可以肯定其已经完成了一部分的任务：“犯罪人”样本可以从专事犯罪人工作的机构中抽取，尤其监狱是一个从事这种研究的理想机构，它为选取研究样本提供了一个便捷的途径，即能提供一些现成的被逮捕的人作为研究的样本。正如加蓝德（1985）所指出的，19 世纪监狱的发展为新的研究犯罪人的科学发展提供了一个制度化背景。根据科学研究程序的要求，“控制组”或者说相对应的“非犯罪人组”均应从普通人群中抽取，应当是没有任何犯罪记录的人群。一旦那些群体被确定，就可以开始揭示他们之间的差异，结果将形成犯罪人理论的相关研究了。

当然，也存在一些不同的声音。有人认为，科学自身是有其规律的，由政府来确定其研究主题，从科学的角度来说，是错误的。最近，我们会经常听到这样一种观点，即使国家为了实践需要可以对犯罪作出官方的界定，但科学研究依赖那些国家机构统计出来的数据和研究项目的做法也许是不妥的，因为这些数据所关注的问题与科学研究关注的不同，科学研究使用从这些机构得来的数据是一件非常冒险的事情。这就像买衣服，从货架上买衣服是很方便、很便宜的事情，但这些衣服并不一定适合穿这些衣服的人。正如我们所看到的，这种观点在20世纪变得越来越普遍，以至于到了20世纪末期，许多人呼吁研究要采用特别收集的数据，而不是官方机构的统计数据。我们应当在一定条件下检验官方关于犯罪和犯罪人统计数据的本质。

由此，我们可以看出有两类截然不同的信息：一类是由政府及其相关机构提供的关于犯罪和犯罪人的官方数据，另一类是通过对法庭和监狱等官方机构资料抽样调查得来的数据。这两类数据都是非常重要的，对它们进行区分也是很有价值的。尽管这两类数据有一些共同的特征，但是很明显，第二类数据具有明显的优点，这是因为调查本身可以收集到更多其他数据，这样做可以发现一些特殊的理论性的或其他相关问题（如关于个体生理的和心理特征的信息）。很显然，那些偏好龙勃罗梭主义项目的研究倾向于第二类的数据，而不是第一类的数据。然而，正如我们所看到的，有人对这种区分提出了批评，认为这两类数据有着相同的致命的缺点：这些数据仅仅来源于研究者感兴趣的一定项目的或一定人群的抽样，那些样本不仅不能代表实际的犯罪与犯罪人的分布范围，而且也不能代表它们的特征。

当论及这一问题时，我们采取的最常用的方法就是利用“冰山”这个隐喻来解释，即通过参考犯罪和犯罪人的“冰山”来解决，也就是说，只有一角是可见的，大部分事实隐藏于我们的视线之外。正如我们所看到的，20世纪60~70年代的泰坦尼克的形象（即传统的犯罪学）就是按照“冰山”这个隐喻的模式构建的：研究者自信地埋头苦干，目光集中在可以看到的那一角（即官方数据），而无视水面下的那巨大的没有看到的事实部分（即未记录的犯罪和未发现的犯罪人）。每一个隐喻都有它的局限性。在这种情况下，隐喻就显得太呆板、太强调一致性，而不能表达犯罪和犯罪人现实情况的复杂性。一方面，与犯罪不同的是，冰山中隐藏的那部分与可看到的那部分其实是相同的。另一方面，很显然，经过时间的推移，冰山两个部分的大小关系不发生变化，它遵循着阿基米德所提出的原则。

当涉及由政府和龙勃罗梭主义两种研究所得到的官方数据的问题时，经常会涉及犯罪暗数的问题。人们经常认识不到它的存在，并且犯罪暗数的概念也是模糊的，它既可以指大量未记录的犯罪和犯罪人的数量，也可以指我们对尚未发现的犯罪行为和犯罪人的图景或意象。因此，它表现为定量（数量）或定性（性质）的意义，在某种程度上也表现为二者的综合。多年来，犯罪暗数一直鲜为人知，它隐没在犯罪学短期的历史发展之中。如果有的话，在犯罪学发展中期，有人承认了犯罪暗数的存在，但对犯罪暗数的反应不尽相同。多年来，一些研究者对犯罪暗数作了一定的、不多的研究，实践意义并不大。这些研究认为，犯罪暗数与那些已知的犯罪和犯罪人有着非常相似的特征。但是，结果是另一些研究者发现因为认识犯罪暗数太麻烦而为人们所忽略。于是，他们开始寻找犯罪暗数的数量和特征。有的研究者通过技术测量仪器来认识，有的学者则从定性的角度去揭示犯罪暗数现象，驱除犯罪暗数对我们的困扰。因此，我们就不会感到奇怪，犯罪暗数与我们所发现的关于犯罪和犯罪人的现象有很多不同的特征。正如我们所看到的，犯罪暗数的研究是人们普遍的关于犯罪和犯罪人的观念受到了质疑。

***历史上关于犯罪数据的观点***

1827年，法国公布了第一份全国范围的犯罪统计数据的报告。贝尔尼（参见Beirne，1993：2，71）对法国这一犯罪统计进行了描述：这些官方统计数据是一系列因素影响的结果，其中包括国家加大对人口增长的监管力度、中产阶层对“危险阶层”的担忧及公共机构在处理那些阶层问题上的失败。这一犯罪统计数据是与我们上文所说的政府项目紧密联系在一起的，也是一定知识的发展推动的结果。这些统计数据每年记录一次，记录各个部门已知的侵犯人身和财产的犯罪数量，包括的数据有：被起诉的犯罪的数据、在已起诉的犯罪中被宣告为无罪或有罪的数据，以及被定罪的人判处的刑种，等等。同时，还记录了犯罪发生的时间，犯罪人的年龄、性别、职业、受教育状况等。贝尔尼（参见Beirne，1993：74）还指出，法国司法部和一群“道德统计学家”认为这一统计数据可以用来完善民事立法和解决道德问题。

道德统计学家

他们之所以被称为“道德统计学家”，是为了把他们同那些不太正直的同僚们区分开来，因为他们是一群热衷于把自然科学的方法和大量先进技术手段运用到“道德”（或社会）现象研究的学者。其中的典型代表是阿道夫·凯特勒（Adolphe Quetelet），他从事“天文力学”（天文学）的研究。在早期，他试图揭示“社会事实”领域中的与自然现象类似的法律和规则的某些特征——这就是其后来所谓的关于“社会机制”的构想（参见Beirne，1993：77）。然而，凯特勒指出，这项工作不会像在自然世界中那样简单，因为道德统计数据不仅比物理数据复杂，而且会受到不可预测的自由意志的影响。虽然人们认为在道德统计中，统计结果可能会有巨大的波动，但凯特勒欣喜地发现，犯罪统计数据所表现出的显而易见的规律与那些在自然界发现的数据具有很多相似的特点。

在这一时期，也开始了对犯罪暗数的分析。贝尔尼认为，另一位对道德统计学家有重大影响的是德·坎德尔（de Candole）。坎德尔可能是第一个认识到犯罪暗数困扰的专家之一，他指出："相信已知和未知犯罪比率是恒定的说法是似是而非的。"（引自 Beirne，1993：106）凯特勒不仅发现了犯罪暗数的存在，而且还揭示了影响犯罪暗数大小的相关因素。这不仅取决于犯罪行为的严重性，还取决于"定罪的司法活动，取决于犯罪人出于自我保护的掩藏，取决于犯罪人对谴责的害怕，或取决于犯罪人的认识，其认识不到其行为的错误性"（引自 Beirne，1993：80）。凯特勒通过对 1826～1829 年间的犯罪率统计发现：社会中已知犯罪和未知犯罪的比率是相对稳定的。伯尔根（Belgian）后期通过对 1833～1839 年的犯罪研究又发现：已记录的犯罪和起诉的犯罪之间的比率也是十分稳定的。这两个结论使他们认识到，如果犯罪发生的原因是稳定的，那么他们的结果（即外在表现为官方统计的数据）也应当是稳定的（参见 Beirne，1993：80）。如果这是事实，并且不是绝对数量的话，也就意味着这一数据对一定时期内犯罪趋势的研究很具有指导意义。凯特勒提出的犯罪暗数在实践中对我们的干扰并不是特别大的假设受到了后来研究者的支持。他首开先河从年龄、性别、教育情况、职业以及信仰等方面对犯罪原因进行分析（参见 Beirne，1993：83－88）。另外，格雷（A. M. Guerry）的研究也大大影响了后来研究者的研究方法，其中包括埃米尔·迪尔凯姆及其著名的自杀率分析。

对道德统计研究作出重大贡献的另一个重要人物是格雷（A. M. Guerry），他于 1833 年出版了其代表作《道德统计》（Statistique Mordle）。虽然他的作品中的许多观点和资料来源与凯特勒大致相同，但格雷仍被认为是运用制图方法研究犯罪问题的先驱。格雷通过开创这一种研究传统奠定了其在犯罪研究历史中的地位，从芝加哥学派的研究到当代的区域和空间分析，都受到了格雷研究传统的深刻影响。此外，格雷认为，起诉的犯罪总数比定罪的犯罪总数更准确，因为前者比后者有较少的严重误差。例如，格雷认为，起诉是更可信的公诉人决定的结果，而判决则是法官心血来潮的结果（参见 Beirne，1993：116）。这是对隐藏在社会事实背后的犯罪暗数现象的认可，但有一定的局限性。事实上，这些暗数是刑事司法系统中某些统计机构产生的结果，因而在运用这些数据来衡量犯罪之前，要尽可能地对它们进行审查。

道德统计在其他一些国家也得到了发展。在英国，19 世纪中叶，饶森（Rawson）、弗莱热（Flether）和格里德（Glyde）三人向伦敦社会统计中心提交了多篇论文，在论文中，他们运用现有的统计资料来识别和解释犯罪类型。同时期的亨利·梅休（Henry Mayhew）运用调查、官方统计数据等多种手段分析伦敦市的犯罪特征和犯罪原因（关于这些作者的情况，参见 Morris，1957）。针对这种研究，加蓝德（参见 Garland，1936）指出，无论是业余爱好者的研究还是越来越多的政府官员的分析，他们同样关注的是“政府管理和如何运用经验的数据与科学方法来提高政府对公众的控制”。他还指出，对于那些研究者而言，他们是不熟悉犯罪研究应当与社会其他方面的条件和政策分离开来的观念的。到了 19 世纪下半叶，随着犯罪学的出现，犯罪学家提出了与众不同的犯罪人类型论，即龙勃罗梭主义的理论。

### 龙勃罗梭主义的理论

龙勃罗梭开创的新犯罪学派被称为“实证主义学派”。“实证主义”这个术语仿效于 19 世纪自然科学所采用的、取得巨大进步的方法和技术。“实证主义”这个术语已经列入了全世界教科书的词汇表中，但从目前情况来看，它已成为一个被人们滥用的词汇。此外，人们还以诸多的方式盲目地滥用这个词汇，以至于不仅不能给我们以启迪，而且使我们的思想变得更加混乱（参见 Giddens，1974；Garland，1994：22－23）。

我们已经讨论了龙勃罗梭主义的理论对犯罪统计数据含意的理解。官方统计资料并不能提供人们所需的所有的数据种类，因此，研究者经常从官方数据抽取样本进行研究。研究者经常把这些样本和“控制组”或者说相对应的“非犯罪人组”（通常随意匹配）进行比较。这些研究几乎没有涉及犯罪暗数问题。龙勃罗梭的理论并没有因为龙勃罗梭的逝去而衰退，而在接下来的一个世纪中进一步得到了繁荣和发展。1913 年，格林（Gloring）出版了一本很具有说服力、批判龙勃罗梭理论的著作。根据格林的著作，他虽然否认龙勃罗梭关于人类学的犯罪人类型，但却承认了“具有犯罪倾向的正常人的生理、精神、道德特征”的存在（引自 Pick，1989）。格林研究的首要目标是批判龙勃罗梭在统计方面的粗糙的研究方法。格林发现了犯罪人与非犯罪人之间的差别，这一发现贯穿整个 20 世纪，并经过精神病学和心理学的补充和完善。人们通常认识不到犯罪暗数的存在，但是，犯罪暗数确实在影响着人们对犯罪的认识，直到研究犯罪行为的新方法出现，人们才认识到犯罪暗数的存在。最后，正如英国学者加蓝德（参见 Garland，1994：53）所指出的：“形成于 19 世纪 90 年代和二次大战之间的科学犯罪学主要是由医学——心理学方法所主导的，这一研究方法关注个体犯罪人并把研究与矫正主义者的刑罚福利政策联系起来。”在 20 世纪，继续从事道德统计研究的犯罪学家是缺乏的，当然，美国犯罪学并不是这种状况。

### 芝加哥学派和生态犯罪学

20 世纪上半叶，芝加哥大学的一批社会学家开始着手对城市、社会结构及文化状况进行分析，因此以芝加哥学派著称。他们的理论（通常也指生态学方法）包括犯罪及精神病研究，而且指出一个城市不同区域的犯罪率呈一定的图形分布。尽管这些研究者们经常将官方数据和通过诸如参与观察和生活史这样的研究方法（一项研究中不同方法和数据的使用被称为三角测量）所收集的数据联系起来，但毫无疑问，由官方数据所揭示的犯罪类型对理论框架的发展具有决定性影响。在青少年犯罪研究中，城市内部一个租金低廉、条件恶劣的区域是青少年犯罪者集中聚居的地区。芝加哥学派的学者们认为，人口的频繁流动使得这些地区的社会组织化程度降低。20 世纪早期，像芝加哥这样的城市，由于缺少稳定的、统一的社会规则标准，甚至是一种统一的语言，孩子们在这样的地区既不能充分地实现社会化也不能被有效地控制。此外，在这样的社区里，会产生一些不良传统（即后来大家所说的亚文化），并且会在玩伴或帮伙之间相互传染。

在由传统研究及芝加哥学派的发展而形成的生态犯罪学所产生的大量的数据资料中，我们可以得出三点结论（引自 Bottom，1994）。第一，早期犯罪学研究侧重犯罪人的空间分布，但目前的研究着重揭示并解释犯罪行为的空间分布。犯罪行为数据资料和犯罪人数据资料的区别是贯穿本书的一个关键部分，不能清楚地认识这一区别是我们思维产生混乱的根源。第二，早期及后来的研究都是以警方和法院的统计数据为基础的。所有的研究都建立在认为这些数据资料能够一定程度地反映犯罪和不良行为的真实分布的假设之上。尽管这些数据的充分性经常受到质疑，但是如果没有相应的替代性措施出现，这一问题是不会被充分地解决的。这些替代性措施直到后来才得到发展（见第 3、4 章），因此从总体上来说，对基于此而建立的研究及理论目标方面的批判是不成功的。当然，我们可以说这项事业被暗数所掩盖。这里，至少存在两种暗数：一种是关于犯罪行为的，另一种是关于犯罪人的。目前，对此问题有更多的有益的研究，这一领域的权威近期指出："尽管犯罪及犯罪人的官方数据似乎反映了城市边缘地带之间犯罪的真实差异，但是对任何所给出的数据都不能想当然，而应该对其进行实际调查。”（参见 Bottoms，1994：598）此外，对有关这些数据所产生的潜在性问题，我们应该给予更多的关注，这就是我们所说的“生态谬论”（参见 Robinson，1950）。

“生态谬论”一词就是用来将人们的注意力转移到谨慎地处理以城市各区域为基础而产生的集合数据上。例如，在 20 世纪 60 年代的英国，统计数据表明，少数种族人口聚居的地区也是犯罪的高发区。由此得出这样一个结论，即这些少数种族的成员应该为那些区域的高犯罪率负责。那时候，这样一个结论就是有关生态谬论的鲜活的例子。这是因为，事实上，许多详细的调查表明，一般来说，那些少数种族人群较本地人的犯罪率低（官方数据也这样显示）（参见 Lambert，1970）。“生态谬论”一词被更广泛地应用，当我们分析一些集合数据并试图从这些数据中推论个体层面上的犯罪类型时，我们也许会掉入一个陷阱中。例如，集合数据（如一个国家的数据资料概览）显示犯罪的上升与失业率的相关性，但这并不能说明那些失业人员要对犯罪的增加负责。应该指出的是，在许多例子中，集合数据经常提供关于个人水平的关系的指示。然而，如果没有更进一步的调查和更恰当的数据，我们并不能确定这种相关性。

### 白领犯罪的暗数

当芝加哥学派的成员们正忙于将官方统计的犯罪数据绘制到芝加哥和其他城市的地图上时，社会学家埃德温·萨瑟兰（Edvin Sutherland）认为他看到了一种暗数，这种暗数与以前所发现的犯罪暗数是不同的。这种暗数存在于穿着白衬衫、系着领带的上班族中，而且不时地出现在这个国家的办公室和各种工作场合中，包括那些有声望的公司。萨瑟兰（1940）开始关注白领犯罪人和白领犯罪，即“由那些有着很高的社会地位并且受人尊敬的人在他们的职业生涯中所犯的罪”（参见 Sutherland and Cressey，1960：40）。他声称，白领犯罪不仅分布广泛，而且没有统计在警方的数据记录中。这一结果是由许多原因造成的。比如，牵涉到当事人地位的重要性、所犯罪行轻微以及在取得充分的证据方面存在困难，因此会免予起诉。更重要的是，白领犯罪问题通常会通过其他程序处理，如民事诉讼程序或其他特殊的机构。传统的处罚仅仅是作为最后的手段，这不仅使一些人辩解白领犯罪并不是真正的犯罪，而且导致并加强了无法制定规范的法典来调整白领犯罪。然而，萨瑟兰坚信，这些白领犯罪人的犯罪危害是所有犯罪人中最具有破坏性的。他通过研究全美最大的 70 家公司的违法案例，得出其中 90% 的人是“白领惯犯”的结论。萨瑟兰在 1949 年证实了此断言，他认为没有必要加上“所谓的”这个词。

萨瑟兰开创性的工作通过后来的研究也认识到白领犯罪问题的存在，许多人认为关于白领犯罪的最初定义模糊不清。例如，它不能区别代表组织整体利益实施的犯罪行为和代表个人利益实施的犯罪行为。一些评论认为，其中某些概念含混不清是此研究领域与生俱来的特征，并不能通过辩论和澄清“犯罪”的定义得到解决。对概念性质含混不清的抨击、权力结构以及整个社会的利益冲突都影响着社会对“犯罪”的定义（参见 Aubert，1952；Nelken，1994）。这个概念的重要性也取决于犯罪学学科、与之相关的概念的定义以及与之相关的数据等所提出的建议。对萨瑟兰来说，传统犯罪学在很大程度上把注意力放在社会地位较低、权利较弱的群体的犯罪上；犯罪的传统定义，把那些含混不清的概念都排除在外，确信犯罪学家只研究某些犯罪和犯罪人；这导致了有偏颇的犯罪学学科的存在。这种犯罪学理论不是通用的，而只能用于我们所感兴趣的一部分人的研究中。因此，犯罪学家们不能像过去那样只局限于研究来自官方的数据或案例。半个世纪以后，耐肯（参见 Nelken，1994：355－6）在其著作中提到："研究白领犯罪的分布和发生率还存在一些问题（不是因其自身不重要），因为大多数白领犯罪并不包括在官方提供的统计数据中，这种数据可以作为有关辩论犯罪问题的基础，因此这里将通常用来解释犯罪统计数据的问题扩大化了。"

所以，萨瑟兰研究给予我们的提示是很重要的。不仅大量的犯罪和犯罪人暗数要求有不同的数据来源和研究技术以保持其公正性，而且人们对"典型的"犯罪和犯罪人的印象以及对它们的解释需要极大的转变。

### 塞林的理论

大约在同一时期，另一位著名的犯罪学家指出："犯罪统计资料可以看做是衡量不同地区的犯罪的基础，然而它的价值正日益降低，因为它可能使我们离犯罪的真实情况越来越远（参见 Sellin，1951：494）。"一种清晰明确的解释认为，在刑事司法过程中的每一阶段所产生的作为衡量犯罪行为及犯罪人标准的统计资料的价值也正在降低。上述观点就是我们所说的塞林的理论，它代表了研究者和教科书编写者们普遍持有的观点。塞林又指出，犯罪学家也应该研究越轨行为者，而不仅仅是研究法律所规定的犯罪行为（参见 Sellin，1938）。另一种说法主张，"科学研究的主要问题应当由科学家们基于科学的目的来确定，而不是由政府来指定。这将使得制定衡量标准的实践更加复杂；已经完成的统计资料不但不可利用，而且由于没有政府提供权威性的认定标准，不同群体之间的行为规则会有实质的区别"（参见 Matza，1969）。还有一种观点认为，"由于各种原因，犯罪定义本身受到了挑战，因为每一定义对任何犯罪暗数的大小和本质都有自己特定的含义；其他社会学家也有同样的看法，他们所说的犯罪的外延要大得多，应当包括越轨行为"。

### 默顿的失范理论

影响力最持久的理论之一就是默顿（Merton）的失范理论，该理论试图解释社会之间以及同一社会不同群体之间越轨行为发生率的变化。这一理论最初于1938年提出，但后来由默顿本人及其他的犯罪学家们充实和发展（参见Adler and Laufer，1995）。正如默顿之前的迪尔凯姆（1897年首次出版《自杀率》一书）一样，他试图以社会学的方式解释自杀率，而默顿本人也努力通过解释社会结构、文化结构及个人和组织在社会中的地位来揭示越轨行为发生率的情况。然而，与迪尔凯姆不同，默顿较少关注统计资料。20世纪50年代，默顿已经认识到萨瑟兰及其他人有关白领犯罪的研究，并引用了早期自我报告研究的内容，这种自我报告研究试图独立于官方报告来衡量犯罪和犯罪人（见第3章）。然而，默顿并没有想到这些研究对他的分析会产生严重的暗示。在他的分析中，下层社会仍被看做是邪恶、欺诈及犯罪问题的重要组成部分。

默顿于1957年指出，不管各种社会阶层的越轨行为发生率有多么不同，官方犯罪统计的许多原始资料都一致表明下层社会成员犯罪率相对高得多，并且这些官方犯罪统计是相当完整和可靠的。从我们的分析中似乎可以看出，下层社会成员对社会的越轨行为要承担最大的压力（参见Merton，1957：144）。

默顿的理论在那一时期具有典型性。这种理论承认犯罪暗数的存在，但不认为应对犯罪暗数的可能含义有过多的担忧。毕竟，犯罪统计资料、我们的理论及常识在犯罪行为和犯罪人问题的看法上似乎是一致的。另外，默顿指出，不同于人们所熟知的情况，这些数据所产生的问题，不可能以与社会学研究相关的方式存在。此外，由于真实犯罪和被记录的犯罪之间存在一系列的误差，因而这些数据是不可靠的。

20世纪50年代，另一项很有影响的研究表明了一种相似的观点，它认为社会问题存在于下层成员中，尤其是居住在偏远地区的青少年中，他们被看做是犯罪亚文化的潜在成员。这一时期，在英国出现的社会学研究似乎也反映了学者们所共同关注的问题（如 Carson and Wiles 的早期研究）。

### 女性犯罪的暗数

此外，还有其他一些不同的观点。当萨瑟兰认识到穿白衬衫、系领带的人士的犯罪暗数时，1961 年奥托·波拉克（Otto Pollak）声称他也认识到穿着时尚的人士的犯罪暗数。一些人还打算质疑官方数据那种认为男性犯罪人远远超过女性犯罪人的想当然的观点。据波拉克讲，女性实施犯罪不易被举报，即使被举报，也不易被侦破，即使被侦破，警察和法院也会相对宽容地对待她们。这种女性犯罪暗数的产生归结于多种因素：女性更容易挑起犯罪行为的实施，而她本身较少实施犯罪行为；女性更会实施欺骗性行为，因为在某些事情上她们更易伪装和隐蔽，如性刺激（男士们也许听过“伸出一英里”这样一个古老的笑话）；典型女性犯罪的被害人（如家庭中的犯罪）较少报告她们的被害；在多数情况下，男性会非常绅士地对待女性，因此这会影响官方对女性犯罪人进行记录的可能性。波拉克已经从这些批判性的观点（参见 Smart，1976：46－53）中得出了一个与众不同的结论，对此你可能并不感到惊奇。然而，最有意义的是，波拉克试图以一种不同的方式阐述自己的主张，他认为，官方数据既受统计数据遗漏的影响又受系统性偏见的影响。萨瑟兰是从阶级偏见的角度来认识问题的，波拉克以不同的方式质疑官方数据的正确性。尽管有很多学者反对他的观点，但当时可利用的用以解释女性犯罪的特征和范围的替代性数据却很少。

## *新时代，新视角*

20 世纪 60 年代，大量的研究工作形成并发展，它们对犯罪数据及其运用、局限性以及我们得出结论的传统方式提出了质疑。此外，旧有的批判性的观点逐步被一些统一的替代性理论观点所取代。正如我们下文所要讲的，这些观点的整体基调并不是十分一致，因为它们是基于许多不同的基调所提出的。这些观点的两种主要来源是：第一，新型犯罪数据的发展；第二，有关犯罪及越轨行为的各种新的理论观点的影响。

### 犯罪数据的新形式

新出现的用来衡量犯罪行为和犯罪人的种类、范围和分布的定量方法可以分为两种类型，即自我报告研究和被害调查。前者是直接询问违规者所实施的违规行为。对此问题，我们将在第 3 章中展开详细的论述。正如我们以前所提到的，尽管 20 世纪 40 ~50 年代存在一些零碎的例子，但直到 20 世纪 60 年代才大量出现。这些研究认为，越轨行为的实际数量远远多于官方数据所显示的数量，而且早期的一些研究者也提出了新的发现，他们认为，关于犯罪人的一些传统观点可能是严重错误的。这些研究从数量和性质上对犯罪人的暗数问题都有重要的认识。

第二种发展的新方法是被害调查，就是现在我们经常提到的“犯罪调查”，它的发展相对于自我报告研究要晚。20 世纪 60 年代，美国进行了大量的实验性调查，但在英国，这样的探索性研究直到 20 世纪 70 年代才出现，并且直到 80 年代正规的、大范围的全国性犯罪调查才逐步展开。这些调查研究让所选择的公众样本回顾其近期所实施的犯罪行为。似乎是第一次，他们用定量的方法来统计犯罪暗数的种类和范围。尽管这些期望被证明多少有点乐观，但毫无疑问，像地区犯罪调查这样的调查研究及其有关的发展情况，对我们关于犯罪的研究方法会有重大的作用。我们将在第 4 章详细论述这些问题。

### 理论的发展

现在我们转向思考犯罪的新方法，这些新方法对我们思考犯罪数据有重大影响。例如，在英国，一群研究越轨行为的社会学家被这样的观点深刻影响着，他们极力使自己与政府项目保持距离。在他们看来，这些项目仍然被英国当时最正统的犯罪学所控制（参见 Cohen，1981）。首先要提及的是产生于美国的标签论。它的主要思想是试图改变越轨行为概念化及研究的方式。简言之，此观点把注意力集中于越轨标签的本质、起源、应用和结果上（参见 Plummer，1979）。换言之，它主要关注先前没有提及的越轨行为的社会定义和社会对越轨行为的反应问题。这和以前有关越轨行为的观点相比，已经有了相当大的改变，因为此前的观点主要关注越轨行为发生的原因（病因学）。当涉及犯罪领域时，此观点建议法律（犯罪定义的关键因素）的来源应该被认真调查，然而，传统方法一直认为这些法律是理所当然正确的。法律是权力和利益集团活动的产物，对于法律及其含义的研究应当作为中心问题。它极力主张政治活动应该是犯罪学的中心环节，此观点首先被冲突理论所接受并得到发展（参见 Quinney，1970)，后来又被 20 世纪 70 年代出现的马克思主义激进犯罪学派（如 Taylor，1973；1975）所接受，并得到进一步发展。这类观点主张应对权力、国家以及法律对国家及权力运行机制的反映方式进行结构性分析。这样，便把官方统计数据和已建立的犯罪定义用一种新的角度融入此观点之中。

同时，标签论主张越轨标签的应用是研究的主要关注点。此观点认为，很多因素参与到对越轨行为及越轨者贴上标签的过程中，并且一个重要的问题是人们是怎样完成贴标签的过程的。例如，越轨者的社会层级、种族、性别、行为和年龄对于是否给越轨者贴上标签有多重要的影响？这些部门例行提供统计资料，并且可能把这些统计资料看做是社会构建的反映，而不是越轨者或越轨行为的量度标准。因此，标签论强调我们需要对越轨行为的形成过程进行研究。因而，标签论强调犯罪和犯罪人是社会认定的以及社会对其认定的过程，这两个方面应该是社会学家和犯罪学家所关注的问题。也许系统偏见对法律所规定的犯罪定义和刑事司法系统产生的官方统计数据这两个方面都起作用。对那些想使用上述统计数据的研究者们来说，犯罪暗数是不言而喻的。

标签论还关注标签的本质和影响问题。第一，标签通常由大量的特征构成，这些特征都有其自身的发展历程。这些标签对应用它们的那些人、更广泛社会意义上的人以及对被应用的人而言，是有一定含义的。一个简单的例子是，标签对特定类型的犯罪及犯罪人通常是一成不变地对待的。第二，此类特性不仅对于那些被贴上标签的人而且对于其他的人可能有重要的影响。经常涉嫌其中的是大众媒体，它们对特别问题进行炒作，并发布大量有影响的信息，包括一成不变地报道越轨行为的产生、发展和转变。这样的过程可能在官方数据中从极其微小的基础开始，但最后可能产生能够证实最初担心的十足的数据。在英国标签论的发展中与其有所不同的是，出现了类似民众犯罪和道德恐慌的概念（参见 Cohen，1973）。这些概念被运用于20世纪70年代所关注的街头抢劫犯罪问题的研究中。研究表明，街头犯罪是一种道德恐慌，是基于被引进来的标签论而产生的，并且没有任何确凿的统计数据作支撑，但它却为法律、秩序、犯罪、英国的状况提供了重要的信息，并且作为替罪羊，转移了当时人们对英国社会问题的注意力。

民众犯罪和道德恐慌可被看做是与犯罪及犯罪人暗数直接对立的概念。前两个概念因太过暴露、太过戏剧化和各种不利扭曲而受到批判，后两个以缺少公开、记录不全以及对于部分人缺少敏感性为特征。前两个在犯罪和司法体系中属于前场，后两个属于后场，它们之间的联系可在此观点中得到进一步的体现，民众犯罪和道德恐慌通常有把与法律和秩序相关的注意力和努力集中于特定目标之上的作用，而非集中于其他犯罪之上（如职权犯罪）。在一个观众注意力范围、记者的时间、专栏尺寸、警力资源等有限的世界里，这可能是我们认识和处理犯罪问题的强有力的建设性原则。

也应该提及其他理论的影响。杰克·道格拉斯（参见 Jack Douglas，1967）发表了一篇关于迪尔凯姆和其他社会学家研究自杀问题的方法的重要评论。迪尔凯姆和那些社会学家的研究主要通过运用官方统计数据来完成的。杰克·道格拉斯就此得出了两点结论。第一，自杀数据是由社会产生的，即它基于朋友、亲戚、验尸官及其他官员的活动。第二，无论如何，此类数据都不能告诉人们关于自杀的真实情况。事实上，研究者经常通过已设想好的理论框架或“常识”来解读这些统计数据的含义。道格拉斯只是强调有必要站在犯罪者的立场对其行为进行解释的众多犯罪学家之一。从此角度来看，受到质疑的缺少社会意义的集合统计资料几乎是没有价值的。相反，研究社会的紧密联系以及定性数据资料通常成为人们的首选。

更进一步的影响来自于民族方法学派的社会学理论。该学派以人们（不论是官员、研究者还是其他的人）完成一系列活动需要运用一些实际的推理、知识、语言等方法为关注点，包括官方报告和统计数据的产生。西克里尔（Cicourel）深受民族方法学派理论的极大影响，他在与他人合著的一篇重要的文章中提到，“官方记录的越轨行为发生率可视为组织程序的指数而不是发生的特定犯罪类型的指数”（参见 Kitsuse and Cicourel，1963：137）。随后，他在研究官方处理的青少年犯罪问题时指出，除非我们在警察部门提供报告前寻找到论述相关问题的独立研究报告，抑或我们能从官方那里得出与其决定和他们的报告所运用的有关措辞方面的信息，否则我们就不能明白所汇集起来的像官方记录和统计数据这样的信息的含义。

其他人也得出类似的结论。尽管没必要从相同的理论角度进行论述，但威尔金斯指出，官方数据与司法系统中不同“决策部门”的计算相关，而非与犯罪本身相关（参见 Wilkins，1964：148）。惠勒称，犯罪统计数据可被看做是犯罪人、公众及执法部门三者之间相互作用的产物（参见 Wheeler，1967：138）。布莱克研究了他所谓的“犯罪率的产生”，其中他采用了一种策略，这种策略使官方记录停止下来，而非使其作为一种研究的方式（参见 Black，1970：734）。从这种观点来看，犯罪统计数据不会被认为是不精确的或不可靠的。这种方法——把犯罪统计资料放到应有的位置，而不是作为犯罪研究的资源——这也是英国北部城市研究犯罪统计数据时所采用的方法。

### 现实主义者、制度学派和激进犯罪学派关于犯罪统计的观点

所有这些似乎表明，有关犯罪统计数据的基本方法有两种，即现实主义和机构主义。第一种即传统的方法，主要关注数据所代表的真正发生的犯罪的完整性以及数据的准确性（参见 Biderman and Reiss，1967）。而第二种方法强调官方数据研究是社会和制度进程的结果。提到这两种方法时，通常我们还会补充第三种方法，即激进的观点，它试图比制度学派的研究方法更进一步。“惠斯特（Whilst）并不否认组织进程和日常互动的重要性，激进犯罪学派强调此进程和互动是更大范围的社会结构设置的产物，特别是与阶级冲突有关的安排设置。因此，官方的犯罪统计数据就是这些更大范围的社会结构安排自身的产物”（参见 Jupp，1989：48）。

这样的划分方法起初是有帮助作用的。第一类，包括多

数的传统方法，涉及对数据资料精确性、可靠性和完整性的关注。自我报告研究和被害调查试图通过揭露犯罪暗数来弥补官方统计数据的缺陷。第二类，通常包括那些把数据资料看做是社会结构的产物的人的观点。第三类涵盖范围更广，包括那些在整个数据资料领域里制度上的和激进主义的观点。

实践中，事情不会如此简单。例如，我们已经看到“制度学派”广泛的阵营是怎样从各种理论观点发展来的，并且每个观点都有一套自己的假设和问题，而与民族方法学学者完全一致的观点几乎不存在。例如，亨迪斯（参见 Hindess，1973：24）被他在研究中所看到的相对主义的含义大为震惊，它伴随着我们漂浮在变化莫测的海洋上，与任何潜在的事实没有任何确定或必要的联系：“既然任何分类，甚至是社会学家的分类都是人们判断和争议的结果，那么，我们除了拿一种判断与另外一种判断作比较外，就没有什么可以做的了，也不知道他们所指的‘真实世界的事件’是什么。”追随标签论的人们也不会将其合乎逻辑的结论看得太乐观。迪顿（参见 Ditton，1979：20）做了一次有益的尝试，他指出，“数据所反映的是越轨或犯罪行为的构成……”因此，认为犯罪暗数不会反映犯罪问题的观点是不必要的谬论。迪顿（参见 Dtton，1979：20）也引用了一些旧的观点——没有正当程序不能称其为犯罪或犯罪人：“法院没有查明就没有犯罪——例如，查明实施的意图和目的——犯罪意图。”最后他得出犯罪暗数是一个谜。

谜？对于那些花费大量时间寻求犯罪暗数的人来说是一个坏消息。没有犯罪就没有犯罪暗数，这一点儿也不假。对于那些试图通过制定措施来解释、控制或预防犯罪的人来说，制度学派的这种观点不但不受欢迎，并且对那些持激进观点的人也不具有吸引力，他们想验证由于对社会中相对弱小权力集团存在系统性偏见，因而犯罪统计数据存在某些缺陷。怎样才能在没有犯罪或犯罪人的基线上用一种令人信服的方法来衡量官方系统和数据的偏见程度呢？虽然上面提到的一些观点按照他们的理论基础是可以理解的，但他们对那些为了实际或其他目的需要了解犯罪和犯罪人的观点来说是不具有吸引力的。出于各种原因，我们发现许多作者根据这些基本观点中的两个或三个方面在做文章。例如，史蒂文·鲍克斯（参见 Steve Box，1981）持有一种实际上是三种观点混合而成的观点，这三种观点即现实主义者（相信犯罪暗数在某种程度上可通过被害调查和自我报告研究获得，但最终由于实际问题用任何精确的方法都不可测量和得知）、制度学派（官方犯罪数据被当做是社会结构的产物）、激进主义者（在记录犯罪和用法律界定犯罪的体系中，对无权者持一种偏见的态度）。

***最近的发展***

现在我们转向 20 世纪 70 年代以来的犯罪学发展情况，这些发展对犯罪数据和暗数的讨论有重大的影响。这些发展不是彼此独立而是相互联系的，如女权主义犯罪学近期转向对受害者及重新实施犯罪的关注（参见 Bottoms，1994：592）。由于多数问题已在其他地方论述过，所以我们在此仅是略述一下。

即使与提倡标签论的那些人的观点有很多不同，但一项被多数人认可的，我们称之为女性主义犯罪学的研究仍然在 20 世纪 70 年代出现了。他们的早期研究与批判犯罪学忽视对女性、性别以及用不尽如人意的方法进行的研究有关（如 Smart，1976）。其他一些研究也随着对女性和犯罪的广泛关注而出现。其中一种观点主张女性犯罪率比男性犯罪率增长得更快，因为女性正在变得更具攻击性、犯罪类型更具男性特点，这在某种程度上受到当代女权主义运动的影响（参见 Simon，1975）。此主张面临许多难点，它不能揭示官方记录的数据中所表现的犯罪总趋势的实质。不但这些问题不能完全弄明白，而且犯罪暗数困扰着整个犯罪学研究领域，如同斯马特（参见 Smart，1979）所指出的，相对较少的女性犯罪被记录下来，这可能受记录习惯、警务和其他政策变化的影响，因而产生欺骗性的倾向。

第一种发展是对女性犯罪率与男性犯罪率的比较问题（或说女性违法者与男性违法者——此两类说法通常不能清楚地辨别开来）的关注。这个问题已由波拉克（Pollak）提出。但与波拉克不同的是，像自我报告这种收集的可替代性的数据资料对我们近来的讨论很有益处。虽然这些确实揭露了所隐含的女性犯罪，但在这种情况下，证据并不能从根本上挑战我们关于犯罪暗数的观点。我们将在第 5 章中讨论此问题。相反，犯罪暗数也会出现在其他地方，通常在私人环境、看起来比较舒适的家中，并且常常是男性犯罪暗数。女权主义者在将公共注意力转移到“男性犯罪人主要通过使用暴力或胁迫方法对女性或儿童实施侵害行为”（参见 Heidensohn，1989：105）方面起了关键性的作用。这些侵害行为包括诸如家庭暴力、儿童身体或性虐待、强奸、性侵犯和性骚扰等方面。在 20 世纪 80 年代被害调查的帮助下，人们认识到此类违法行为在警察部门的报案率较低，然而它们数目庞大且对被害者造成的伤害是长期的，这些违法行为很难找到一种方法来衡量并分析。

第二种发展是对被害人的关注。“被害人研究正发展成为犯罪学领域中的一个重要部分。自 20 世纪 80 年代以来，全国性和地方性的被害调查、有关犯罪影响方面的研究以及被害者需求和服务方面的研究出现了急剧的增长。我们已提到被害调查的发展，我们将在第 4 章中专门论述。起初，被害调查被认为是揭示犯罪暗数特别是犯罪行为暗数的最好方式。最终，过去一个独立的揭示犯罪行为趋势的象征物，如今变成了现实。所以，犯罪学家会更加自信地质问官方数据所显示的犯罪增长情况是否是真实的。很快，全国被害调查因未涉及某类犯罪行为的缺陷凸显出来。人们更多地关注地方被害调查，这些调查是由出现的“左派现实主义者”团体实施的（参见 Jones et al.，1986），地方被害调查被看做是填补国家被害调查缺陷的方式，但事实上有些犯罪行为根本没有涉及。然而，由于过分强调犯罪暗数，人们对这些研究表现出了非常狭隘的理解，这些研究揭露了一系列的问题，并得出了一些新的数据，而这些数据在以前的系统研究基础上是不可能得到的。随后，我们发现，关于犯罪被害人的特性、态度、认知、犯罪对被害人的影响、被害人的被害反应以及为了对这些话题作出回应所引起的政策和服务的变化等成为人们感兴趣的话题。我们发现犯罪被害人类型的研究可以将犯罪和犯罪人的类型进行归类。类似于犯罪恐慌和重复被害问题已经在犯罪学的著作中体现。的确，我们发现了有关理论、研究和政策三方面的一整套全新的问题，并且随之也建立起了新的完整的数据库。

第三种发展是从对犯罪人的关注转到对犯罪行为的关注，鲍特姆斯（参见 Bottoms，1994）认为这种发展直到 20 世纪 70 年代才发生。许多犯罪学研究直到那时才开始关注犯罪人，龙勃罗梭从生理学和心理学特性来收集关于犯罪人的数据资料，而大部分社会学理论工作者主要收集关于犯罪人的社会背景和特性方面的数据资料。例如，关注点的变化可由内务部研究处在解释机会对犯罪行为发生的地点和原因所起作用的工作中体现出来（参见 Mayhew，1976）。其他研究工作还有情境犯罪预防（参见 Clarke，1980），主要是通过改变环境设计来预防犯罪。所有这一切对早期提到的政府项目产生了重要的变化，此后理性选择理论又得到发展，它意在处理情景犯罪预防中比较尴尬的问题，并且主张研究应以犯罪行为为基础而非犯罪人（参见 Cornish and Clarke，1986）。所有研究工作都需要犯罪类型的详细信息，具体包括犯罪行为的本质、犯罪在时间和空间上的分布以及所发生的自然环境等，而不是犯罪人的背景、特征和心理状态的详细信息。但某些类似的信息，可以在警察机关所记录的犯罪数据中得到。犯罪暗数问题是如此令人担忧，以至于我们不能再对此问题视而不见了。人们把强大的推动力用于获取有关犯罪行为的可替代的信息，这些信息资源包括难以琢磨的数字，如被害调查（包括经济被害调查）和某些组织的记录，而不是被害人转化成犯罪人的警方记录，尤其是那些不可能被官方报告的记录。

## 结 论

近两个世纪以来，有关犯罪统计数据方面的理论观点的发展在本章中都有大体的介绍，我们应该很清楚犯罪暗数已经成为困扰我们的主要问题之一。人们或许会认为，随着近年来自我报告研究和被害调查的出现，随着犯罪暗数被逐步地揭示出来，我们已越来越接近犯罪和犯罪人的“真实面目”。当然，这并不是我们的观点。犯罪及其暗数不会通过中立的观察者在其所设定的实验中运用一些简单的规则而被轻而易举地计算出来。相反，从某种意义上讲，任何犯罪率都是有着特殊兴趣、爱好、目标的人们在一种复杂的环境中运用一系列的定义、规则和程序（人们对其运用可能不一致）而得出来的。正如我们将看到的，虽然人们尽力避免官方统计数据中的一些问题，但是自我报告和被害调查没有避免与人们报告的复杂的犯罪案件转化成数字形式的数据资料相关的问题。

正如马吉尔（参见 Maguire，1994）所指出的，犯罪本身就是社会构成的一种，与犯罪有关的统计资料是通过社会而构建起来的。接着他又提出了以下隐喻的说法，这些隐喻比冰山或传统的犯罪暗数更有价值：

由于人们逐渐在纵深细节上强调和描述某些新领域的问题，一种更加精确的隐喻出现了，它可被看成是对一块大小不定的油画进行反复描绘，因此而出现了一种新的趋势，即把未被记录的犯罪数据的激增看做是一步步揭开越来越多的“整个画面”的面纱，展现“一个真实完整”的已实施的犯罪行为。

这是相当正确的，但需要补充的是，绘画风格是有一些差异的，这些差别类似于社会科学家关于认识论（是关于社会中知识取得的方法或提出的主张根据的观点）的差异。我们正在思考有关现实主义与其他艺术形式、表现艺术与非表现艺术、着眼于所给最后图片及信息的艺术以及着眼于图片如何成为艺术这几个方面的更广泛的差别。同时，我们也在思考兴趣、价值观、思想意识形成论题的方式，这一论题被人们（如社会理想主义者）选作描绘问题的主题和风格。杰克·扬（参见 Jock Young，1922：58）认为，犯罪暗数的增加与我们在研究中所持的价值观念有关。正如任何一部好的恐怖片，吸引我们的是有关鬼神幽灵的本质，它能反映我们最关注的事情。没有更明确的迹象表明，对犯罪数据的研究根本不能从道德和政治争论，以及在社会科学和更广泛的社会里什么才可以被看做是知识的争论里分离出来。

## 总　结

早期的犯罪分析通常依赖于各种形式的官方数据。尽管人们意识到未被统计的犯罪行为和犯罪人暗数的存在，但大部分使用官方数据的人得出犯罪暗数对于形成的犯罪原因和犯罪趋势的结论没有造成严重的问题。然而，也存在一些例外，像萨瑟兰关于白领犯罪的研究，指出官方数据的使用会导致偏激犯罪学的产生。自 20 世纪 60 年代以来的各种发展导致了思维和研究的变化。衡量犯罪行为和犯罪人的新方法已经产生：自我报告研究和被害调查。此外，新的理论观点对官方数据衡量犯罪行为的可靠性和完整性方面提出了质疑（如理性选择理论）。相反，制度学派将官方数据看做是社会化和组织化过程的产物；激进主义者则把它看做是社会政治和经济结构中更广泛的结构化过程的产物。目前，女权主义学家们开始关注犯罪行为，而不像传统那样关注犯罪人。本章通过建议的方式得出如下结论，即对犯罪数据的分析不单单是一个技术问题，而是它可以就我们所生活的这个社会的方方面面提出重要的问题。

### *进一步阅读的文献*

能够涵括本章所有内容的参考书目几乎是不存在的。在随后的几章中，附加材料中有价值的内容应当比本文引用的参考书更清晰易懂。格兰德（Garland）和贝尔尼（Beirne）在犯罪学早期的讨论中发挥了很大作用。科尔曼和博顿利（参见 Coleman and Bottomley，1981，第 1 章和第 8 章）为分析 1980 年以前的犯罪数据作了一次调查。博顿利（参见 Bottomley，1979：第 1 章）涉及了相似的内容，也包含了有价值的、关于犯罪定义争论的总的观点以及我们已经不能公正的处理问题的论点。史蒂文·鲍克斯的作品（参见 Steve Box，1981；1983；1987）体现了运用相应的理论方法与犯罪数据进行辩论的重要尝试。马吉尔（参见 Maguire，1994）对本章及后面几章所涉及的主题作了简明的概述。《牛津犯罪学手册》同样包含许多对特定领域的各国理论和研究进行概述的文章。例如，博特姆斯（参见 Bottoms，1994）的《环境犯罪学》和尼尔肯（Nelken）的《白领犯罪》。

# 第二章

## 官方统计：权威的描述

本章将介绍或讨论下面这些关键的概念或术语，它们在本书的词汇表中也会出现：官方统计、应报告犯罪、“侦破的”犯罪、可起诉罪、简易审决罪、可选择管辖的犯罪、已知犯罪人、犯罪人数据库、标准犯罪目录、“非罪案件”、破案率、TICs（合理考虑的犯罪）、“坦白”、直接的和间接的破案、重罪原则、被发现的犯罪、报案、犯罪记录、“故意漏掉的犯罪”、犯罪分类、“混合犯罪类型”和“羁押获释”。

这一章将涉及犯罪和犯罪人方面的统计资料，它们来源于警察和其他刑事司法部门依职责保存的记录。这些统计资料经常被称为“官方统计”，即由官方收集、为官方服务并由政府出版的犯罪统计。1611 年，苏格兰和英格兰的国王詹姆斯出版了《圣经权威译本》，这个圣经译本是由那些经国家最高权力机构授权的人翻译的。同样，官方统计也是由政府部门授权的、通过对犯罪及犯罪人进行确认和统计的、由官方收集和制作的。因此，在某种意义上说，官方统计是关于犯罪和犯罪人统计的权威的版本。

首先，我们看一下关于犯罪、犯罪人和刑事司法统计资料的主要类型。虽然许多国家普遍拥有相应的数据，但我们主要关注的是英格兰和威尔士。我们因此要更细致地看一看年度公报，年度公报通常被认为是提供犯罪和犯罪人主要信息的文件（本书关注点）：犯罪统计资料。我们通过检查犯罪统计资料的主要内容，会发现它包括什么类型的信息，不包括什么类型的信息，还会发现统计运用的方法和资料收集的原则。其次，根据上一章提到的构建主义学派的观点，我们考虑那些统计资料怎样才能反映社会现实。做完这些事后，最后我们看一看根据那些统计资料画出的关于犯罪和犯罪人的图像，还有我们可以从那些统计资料中可以得出的几种结论。

### *官方数据的主要来源*

首先，英格兰和威尔士的刑事司法系统的数据主要体现在下面的官方每年出版的文献中：

1. 《犯罪统计数据》（HMSO，英国皇家文书局）。
2. 《司法统计数据》（HMSO，英国皇家文书局）。
3. 《缓刑统计数据》（Home Office，内政部）。
4. 《监狱统计数据》（HMSO，英国皇家文书局）。

关于苏格兰的犯罪统计也有，可以从苏格兰登记的犯罪统计、监狱统计数据和苏格兰文献中得到，这些文献是由苏格兰政府部门出版的；北爱尔兰的犯罪统计数据可以从北爱尔兰政府部门出版的《关于北爱尔兰犯罪统计资料说明》中查到。

其次，还体现在内政部统计公报中。这些公报包括半年度公报、年度公报和不定期公报。半年度公报，介绍最新的关于登记的犯罪的基本数字，称为“应报告犯罪”；年度公报，如禁毒和罪犯处理统计数据、联合王国、汽车犯罪；不定期公报，如1984年关于暴力犯罪的公报（HOSB 29/86）和

1977～1987 年关于抢劫犯罪的公报（HOSB 4/89）。

另外，关于犯罪和犯罪人的有价值的统计信息还来源于一系列的内政部的调查研究，这些统计信息使我们从本章开始定义的官方统计领域转到官方发起的各种调查上来，它们包括英国全面犯罪调查的报告及其调查和计划单元论文。最近，内政部开始发表了一系列命名为“调查结果”的论文，其中有《关于英国犯罪调查》（参见 Mott and Mirrlees－Black，1993）、《关于犯罪和刑事司法信息的汇编》（参见 Barclay，1995a）。这样的报道显然不广泛，却证明收集与制作此类资料在一定程度上对那些创造机构之外的组织有用。近年来，此类信息的质量、数量和范围已增长，但不是很明显。部分原因似乎在于犯罪的政治化和刑事司法，以及在这个领域与其他公共区域对公开和责任的更多要求。这些趋势导致在许多领域更详细的记录，尤其是在出现对某些事情忧虑的地方，如司法失败、各种歧视和拜金主义等。例如，1991 年《刑事司法法案》第 95 节，要求内政大臣每年公布这些信息，使从事刑事司法管理的人员明白他们的决定有关财政的暗示。促使此类人在履行职责时，避免出现任何种族、性别或其他不正确根据的歧视。

作为一个结果，许多关于此类主题的出版物已经出现，我们在本书后面还会提到一些。

### *犯罪统计*

正如已经提到的，《英格兰和威尔士犯罪统计资料》每年出版一次，并附有多本补充信息。这些书中的统计资料不仅对犯罪研究者或刑事司法工作人员，而且对政治家、媒体和一般公众都具有重要意义，这些统计资料是他们关于犯罪规模和趋势权威信息的主要来源。本书主要部分的首要内容如下文所述。我们接下来继续解释统治那些统计资料汇编的一些术语和规则。我们在写作本书时所能利用的最新资料是

1993 年出版的资料。

首要的内容

1. 警察已记录的应报告犯罪。这个标题下的数字是官方的统计资料，通常用来描述犯罪的趋势。对于报告，关键的一点是只有一些犯罪是应报告的（见下文对关键术语的解释）。在某种意义上，警察需要制作统计报告给内政部，这些报告因此构成出版的统计资料的基础。所以，信息划分为不同犯罪类型的信息（包括历时趋势和不同警力区域），但不是关于应报告犯罪外的其他犯罪的信息。有人将这些数据与“英国犯罪调查”数据作比较。这一部分还包含关于警察破案率的信息。后面的部分是专章关于应报告犯罪的两种类型：警察已记录的关于使用或盗窃武器的报告和谋杀。这两种类型的应报告犯罪得益于此类犯罪现场环境比其他应报告犯罪得到更细致的对待。

2. 犯罪被发现或被警告的犯罪人。此类犯罪人经常指已知犯罪人。我们现在已经从侧重犯罪转到侧重犯罪人的数据上。关于那些犯罪被发现和被警告的犯罪人的统计资料，呈现出这样的特点：按照犯罪类型划分，使用相对于总人口的以数字表示的术语，按警力区域划分，还使用被称为“可起诉和简化审决犯罪”的独立表格。一般来说，关于犯罪人的唯一信息是性别和年龄段。

3. 法庭程序。这是关于人们出席治安法院和刑事法院的信息。根据犯罪类型细分的一些表格再一次为我们提供了犯罪人的性别和年龄段的信息。

4. 审判。这里还有许多刑事司法统计，含有作出审判的丰富信息。这类表格经常包含犯罪类型和犯罪人性别与年龄段的细目。

5. 警察保释金的运用和法院发回案件。它们提供关于受这些程序影响的犯罪类型的一些信息。

6. 前科。在罪犯索引基础上的研究。罪犯索引是一个大型数据库，详述了从1963年至今在英格兰和威尔士，所有属于标准目录犯罪的有罪判决记录。每个记录包含庭审的细节、犯罪行为和对每个犯罪人的处理。对于研究犯罪生涯的调查者，这是一个潜在的、有价值的资源。《犯罪统计》中的一章展现了从事该项研究已经取得的成果。

### 可诉犯罪、简化审决犯罪、应报告犯罪和标准目录犯罪

可诉犯罪，是指那些由刑事法院的法官和陪审团审判的犯罪。只能诉讼的犯罪例子有谋杀、误杀、强奸和抢劫。简化审决犯罪，是指那些如果进入诉讼程序只能在治安法院审判的犯罪。然而，简化审决犯罪很大一部分是汽车犯罪，这些案件很大一部分适用固定刑罚。1/3由“可选择管辖的犯罪”组成，从名字上可以推断，对待此类犯罪可以选择管辖，如商店盗窃（关于英格兰和威尔士刑事司法制度的这方面或其他方面更详细的信息，参见Barclay，1995b）。

《犯罪统计》中提供的应报告犯罪的数字，包括大多数可诉和可选择管辖的犯罪。另外，一些简化审决犯罪也是可诉的，如非法占有汽车。每种应报告犯罪有分类数据（完整的数据见内政部，1994a：附录3）。人们经常假定应报告犯罪构成最严重犯罪，而且为单独提供这些犯罪统计提供某种合理解释，但这决不是实际情况。实际上，许多较不严重的犯罪被包括进来；所有的盗窃被包括进来，即使盗窃的财物只是一些糖或是门口台阶上的一瓶牛奶。形成对比的是，虽然犯罪人统计资料提供了一些关于犯罪被告人的信息，但是没有提供大多数简化审决罪案件的统计资料。

最后，我们来看一看标准目录犯罪。标准目录犯罪，是指那些包含在上文提到的犯罪人索引中的犯罪。这些犯罪包括可诉、“可选择审判的犯罪”和一些比较严重的简化审决犯罪，如袭警（详细情况见内政部，1994a：附录4和附录5）。

虽然在标准目录和应报告犯罪目录之间有相当大的重合部分，但关键的一点是后者的内容可以并且肯定会随着时间的变化而变化，而标准目录保持不变，因此使用犯罪人目录进行历时性的比较要简单。

计算犯罪

过去不同计算方法产生不同结果的事实，使人有些惊愕。某些类型案件中的犯罪计算方法存在着矛盾，于是人们在1967年“特殊待遇协会”（Perks Committee）提出建议后，尝试建立更清晰的计算规则。

这些经过修订的最新规则于1980年1月1日起生效，摘要如下：

1. 在暴力侵犯人身犯罪或性犯罪中不止一个犯罪被害人的：一个被害人，一个犯罪。

2. 其他犯罪，在一个案件中被指控数罪的：只计算那个最严重的犯罪。

3. 如果是连续系列犯罪，犯罪人和被害人或被侵犯财产间存在着促使犯罪人重复犯罪的特殊关系、知识或地位，那么每个连续犯罪行为算作一个犯罪。

虽然这些规则的运用比过去明显更确定，但是，如何计算犯罪始终存在着含糊、不明确的地方，导致数据上的变化，正如我们下面所展现的。重要的一点是，这些计算规则是人为制定的条约，取决于运用这些规则的目的，其他的规则如果不是更合理的也是相当合理的。这些规则与《英国犯罪调查》中使用的规则不完全相同，进行比较更困难。沃尔克（参见Walker，1995：10）认为，这些规则的一个结果是犯罪（至少应报告犯罪）与盗窃相比被夸大了。马吉尔（Maguire）持不同观点：“如果规则改变了，如允许所有票据诈骗犯罪单独计算，那么犯罪的整个图像会有显著的变化。”重要的教训是，这些不是简单的技术问题，而是会对犯罪总数和犯罪图像产生重要影响。想象若干根本不同的表示犯罪的方法也是可能的，这些方法以像法律一样严肃的标准为基础（参见Sellin and Wolfgang，1968）：对于被害人的影响，或造成的社会危害（参见Sutherland，1949；Box，1981；1983），它们可以改变犯罪问题的效果图。

### 立法的影响

自20世纪60年代中期开始，很明显的事实是，立法的变动已经导致刑事司法系统的重大变化。近来犯罪统计有了附录，详细记录影响统计资料的程序与立法。许多变化已经影响到了犯罪人适用的刑罚，当使用如审判的数据时，这些变化需要充分意识到。犯罪的定义很少发生变化，但应该牢记，犯罪定义不能被当做是假定的事实，而是过去立法和司法的综合产物。新的犯罪可以创造，如1965年、1968年和1976年《种族关系法案》规定的那些犯罪。同样，犯罪可能被废弃，如1967年《性犯罪法案》规定的在21岁以上男性之间自愿的私人同性恋行为。奈杰尔·沃尔克（参见Nigel Walker，1971）认为，这样的立法预期导致这个领域中警察行为的急剧减少。因而，在为制定这个法案作准备的年代里，男性间猥亵的统计资料减少。

很少变化如此剧烈。莫尼卡·沃尔克（参见Monica Walker，1995：7）谈到立法上最近的许多变化的影响时，特别提到1977年《刑法》是如何导致犯罪种类很多小变化的，这意味着法案实施之前的数据与法案实施之后的数据没有严格的可比性。她提供了另外一个适当的例子，1982年《刑事司法法案》导致了一个结果，自1983年开始猥亵儿童总数增长，毒品交易成为显著的犯罪。为了理解统计资料趋势，我们需要评估这些变化。

### 作为后来调查或诉讼程序的一个结果：犯罪分类的变化

成为某一种类犯罪的案件最初的记录和分类是由警察根据已知信息进行的。然而，众所周知，补充的信息可能导致对最初的判断产生疑问，犯罪人可能被以不同于最初记录的罪名起诉或判决。然而，一般来说，这些犯罪的最初分类在两种例外情况下不作改变。

第一，在杀人案件中，关于最初被记录为杀人犯罪和后来（在准备公开统计资料的时候）被记录为杀人犯罪的信息。因此，第二组数据将后来的警察和法庭决定考虑进来，它是暂时的，直到所有的诉讼程序结束。

第二，如果补充信息使警察意识到最初被作为犯罪记录下来的案件根本不是犯罪，那么规定勾销该记录，作为"非罪案件"。然而，在犯罪统计资料中没有这方面的信息，警察机关没有制作出从总数中扣除勾销记录数后的数字，报告给内政部。

### 已破案犯罪

已破案犯罪的数量占已记录的应报告犯罪总数的百分比就是破案率。这个百分比数字经常被记者或其他人称为"侦查效率"，经常被用来评估警察的效率，虽然一般来说这是一个令人怀疑的做法。在许多情况下，以下情形可以被视作破案：

1. 某人已经被起诉或被传唤（但不必须发现有罪）。
2. 某人已经被警告。
3. 犯罪已经得到法庭的承认，已经被法庭纳入或可能纳入考虑范围。
4. 已经有足够的证据起诉某人，但因为一些事由如犯罪人、原告或证人死亡或患上严重疾病，导致案件不能进行诉讼。

5. 被害人不能或不愿提供证据。

6. 因另外犯罪而服刑的人员承认的犯罪（这些犯罪经常被作为“服刑人员坦白的犯罪”）。

从1985年开始，犯罪统计资料才提供犯罪破案方式分类的信息。破案方式被分类为直接的方式与间接的方式，成为一种习惯。1994年以前，第一类包括那些通过起诉、传唤或警告方式破案的犯罪，第二类为前面罗列方式中剩下的方式。然而，审计委员会所采用的定义可能被应用，在这个定义中，间接破案只包括纳入审判考虑的、以前没有被警察记录的犯罪，和那些已经因其他犯罪被起诉或判罪的犯罪人实施的犯罪（HOSB5/95：24）。

### 犯罪人和犯罪的计算

如前面所提出的，根据刑事司法系统对个人作出的裁判，最好把犯罪人资料当做刑事司法统计资料。这些资料实质上是系统化的诉讼程序的索引，将被作为相关资料研究（参见Kitsuse and Cicourel，1963）。然而，当以下面这种方法看待这些数据时，它们显然提供了关于那些被告人特征和他们犯罪特征的有限信息。

第一，犯罪人可能在一个场合中被起诉数罪，但在这些统计资料中没有显示出来。相反，只有一个犯罪被显示出来，一般这个犯罪是遭受最严厉刑罚的犯罪。在这些统计资料中，这个总的原则经常指“首要犯罪规则”，导致关于可起诉犯罪严重的特点（因为严重的刑罚经常被适用）。第二，被告人的统计资料显示了在那一年中被处理的人数。当一个人因数罪在同一时间被处理时，在统计资料中只显示一次。另外，重复犯罪人，如果犯罪人在一年里不只在一个场合中被处理，会显示不只一次。正如Monica Walker（1995：30）所指出的那样，这影响了经常使用这些数据的计算种类，如男女犯罪人之比，因为男性更可能成为重复犯罪人。如果白雪公主在早上与小矮人吻别时，采用相似的方法计算小矮人与公主的比例，那么正好将得到一个超过 7:1 的结果，因为小矮人中的一个人有一个习惯，跑到屋子的后面过来要另一个吻。

这些简单的关于犯罪人数据的观点将提示一些它们的局限性。这些统计资料一般不是一个好的通向犯罪行为数量的向导，因为一个人被起诉一次时只能认定一个罪。此外，这样的记录机制偏重于可起诉犯罪和许多获得短暂宽恕的简化审决罪。对此应该加上一点，关于犯罪人特征的信息仅限于性别和年龄。

小结

我们关于“英格兰和威尔士犯罪统计”内容的讨论（更详细的信息在附录表中）提出一些关于这些数据的基本观点。第一，在犯罪资料和犯罪人资料间存在差距。前者关于应报告犯罪的范围有限。第二，尽管有全部的详细证据，关于他们实施犯罪的性质和环境的可利用信息非常有限，除了杀人案件和涉枪案件。例如，杀人案件杀人方式的详细记录，被害人与犯罪嫌疑人之间的关系，被害人的年龄和性别，还有案件的结果。犯罪学家因此能在这些相对于其他犯罪确实不经常发生的犯罪中，发现更多详细的信息。第三，虽然这有许多关于被告人行为的信息，但是，关于他们的特征仅限于性别与年龄。从监狱记录中很容易发现更详细的信息（参见 Walmsley et al.，1992），但这群人不能很好地代表犯罪人总体的情况。这一点和前一点意味着，有必要进行特殊的调查来发现更多关于犯罪和犯罪人信息。第四，没有一些关于制作统计资料的系统知识，是不易理解这些统计资料的。笔者通过思考一些基本规则、程序和定义来解释说明这些资料，没有这方面的知识是很难解释说明这些资料的。在接下来的部分，笔者将把这些统计资料的产生作为一个社会过程来扩展这些知识。

然而，在这之前，应该注意，如果我们忽视第1章中提出的更宽泛的问题，那么我们在官方统计的更细致化和技术化方面就容易陷入困境。例如，我们一定不能忽视“犯罪暗数”——那些与被记录的应报告犯罪同质的事件和人，但是在官方记录中从来没有过的犯罪。还有那些倾向于被警察和正统刑事司法系统之外的机构处理的犯罪。麦克·马吉尔（参见 Mike Maguire，1994：248）谈到的税务和利润诈骗，他们中的一些是被内陆的税务局、海关、国产税务机构和社会安全部门处理的。虽然这些机构可以保存它们自己处理的案件记录，但不能保存许多犯罪的数字（它们中许多是重复的）。当然，这会导致回到第1章关于白领和公司犯罪的讨论，这个讨论将注意放在这样一种观点上，即一些犯罪和犯罪人在正规刑事司法系统程序和它们创造的犯罪记录中有相对的豁免权。最后，我们反复强调想象用其他方式来定义犯罪，统计和表示犯罪是可能的，这会导致不同的犯罪和犯罪暗数的图像。

### *官方统计的社会结构*

已经看过制作官方数据使用的主要的规则和定义，我们应该检查这些统计资料作为一个社会过程的产物。一开始，值得重复强调的是犯罪的定义是古代、近代或更宽广社会进程的结果，它们反映了宗教、政治和其他情况，提供了统计资料得以创立的框架。因此，毫无疑问，我们已经考虑过的这些相关规则应当得到承认。关于犯罪分类方面的变化和发展及它们与更宽广社会进程关系的研究将成为任何“综合犯罪学”的一部分（最近的一个例子，关注赌博立法，见 Dixon，1991）。我们已经说过，将这一进程分成四个主要阶段是有帮助的：

**发现**

在一定意义上，这个术语会误导人，因为它暗示所有犯罪简单地发生在那里，并且容易被人发现。实际上，人们在关于什么构成犯罪的知识方面是不同的，而且有些场合没有通常意义能发现犯罪的被害人，其他有些场合被害人不知道犯罪已经发生。我们关于这个领域相对知道的不多，但是我们能说出谁第一个发现那些案件，最终进入犯罪官方统计。在英国的研究表明，77%～96%的犯罪最初是被公众以各种不同的方式发现的（参见 Bottomley and Pease，1986：34）。一个研究发现，只有14%是被警察发现的，57%是被受害人发现的，23%是被害人组织成员所发现的，还有3%是被证人发现的（参见 Bottomley and Coleman，1981：43－8）。这种模式不必然适用所有犯罪。在发现阶段，警察角色在许多非应报告犯罪中很突出，尤其是在那些没有明确的被害人的案件中，被害人乐于向警察报告案件（一些涉及毒品犯罪、卖淫、酗酒和公众秩序）。在犯罪认定和犯罪人采取进一步行为的认定方面，警察扮演着更主要的角色。

**报告**

最先发现案件的人也往往是报告给警察的人。因此，前面的信息说明，我们需要考虑报告人的身份，将其作为被害人、证人、后备犯罪嫌疑人和看护人、安全职员、私人和公共组织的经理，还有在犯罪统计资料中的其他人。例如，众所周知，许多商场和商店倾向于只报告犯罪嫌疑人被抓住的假装顾客行窃的案件，警察和公众对于假装顾客行窃的可能范围有不同的看法，对已记录犯罪的数量有很大的影响。

连续而全面的“英国犯罪调查”（BCS）要求被调查人回答他们是否报案给警察，如果没有，为什么不报案。只有在官方统计中的一些犯罪可与英国犯罪调查更有限的范围进行比较。对于那些可比的案件，在1994年调查（1993年数字）中，“英国犯罪调查”所有犯罪的41%报告给警察（参见Mayhew et al.，1994）。然而，很显然在另外一年，不同犯罪报告的比例好像差异很大，从暴力行为的32%到机动车盗窃的97%这么大的范围。这些不同需要加以解释，人们经常认为犯罪的严重性是影响报告的主要因素。这当然是根据夜盗犯罪得出的结论，夜盗案中87%遭受损失的案件被报告，而只有53%未遂和没有损失的案件被报告。这个不能成为一般性的解释。例如，一些人身和性虐待案件表明，如果他们要报案，要经过相当长的一段时间。

“英国犯罪调查”给出了它自己关于没报告犯罪的原因的数字。例如，在1992年调查中，那些最经常的回答是犯罪太轻微（55%），警察不能做任何事（25%），或私下处理（12%）（参见Mayhew et al.，1993）。这些概括性的结论不能揭示不同种类犯罪具有不同报告与否原因的方面，它深埋在具体环境、关系组、相关的伤害经历，还有关于做什么有用的预测中。所以，关于严重性的陈述应当用社会和心理方面的分析来补充。例如，困难的局面，与犯罪人关系的性质，警察反应或行动的预期，对于可能产生报告的结果的恐惧（如报复、指控或简单地卷入刑事司法程序），等等，应当被考虑。举一个例子，Malcolm Yong（1991：368）笔下的商店小老板为了避免在以后时期因需要参加任何庭审程序而关掉商店，而没有将商店盗窃案报告给警察。

### 记录

真正的事实是一个案件报告给了警察（即使从表面上看显然是一个犯罪）也不能保证就被记录为犯罪。因此，在案件成为一个统计数据前还有必不可少的下一步深入探讨。这一方面的信息又来自“英国犯罪调查”。例如，1994年调查，根据其他年份显示的犯罪类型出现不同的方式，以致只有

38% 的已经报告给警察的盗窃案和抢劫案（根据“英国犯罪调查”），29% 的未遂盗窃机动车案，但有 77% 的遭受损失的夜盗案和 95% 的汽车盗窃案被记录下来。据估计，总体上只有 60% 的“英国犯罪调查”所包含并报告给警察的犯罪类型被记录（参见 Mayhew et al.，1994）。

早在 1992 年，调查报告作者提出了许多此类缺陷的原因，比如，警察不总是接受被害人的陈述，他们认为一个报告被误解或不真诚，他们感到没有足够的证据证明犯罪存在，他们认为一些消息太不重要以致不能判断正式行动，尤其如果举报人不是一步行动，不愿意提供证据，或者案件已经多少被“满意解决”（参见 Mayhew et al.，1993：16）。然而，这些主要是猜测，重要的是意识到，在一些案件中的巨大缺口已经对“英国犯罪调查”的结果提出了质疑，这些猜测取决于大量的调查，发现更多的解释。最后，判断自 1981 年以来警察记录实践的广泛变化可能的，1981 年是“英国犯罪调查”预测的第一次。通过对 1981 年到 1991 年的这些数据与相应的官方数据广泛比较，显示出获得的报告给警察的犯罪记录减少了，然而暴力犯罪和暴力行为记录显著增加（参见 Mayhew et al.，1993：表格 A2.6）。更多令人印象深刻的记录表明，被称为“未被记录为犯罪”（由警官出于各种原因的考虑而未作犯罪纪录）的警察记录的犯罪在一个长时期实践中有一个普遍下降的趋势。

虽然，一般来说这是正确的，被报告犯罪在警察记录过程中下降不是特别严重（参见 Mayhew et al.，1982：12），对于我们来说，那些报告是一个成熟的调查领域。这些重要的调查项目不仅在自己的权限范围内（因为他们处于刑事司法程序运行的关键部分），而且他们对于由警察和“英国犯罪调查”所制作的资料有重要的含意。那些犯罪的分类也是一个重要的因素；在官方和“英国犯罪调查”数据间存在矛盾的一个原因，可能是两组数字中一些犯罪被分为不同的种类。影响决定是否和怎么记录犯罪的因素可以根据三个普遍的标准分组。

一是社会和政治情况。在广泛的经济、政治和社会情况因素中产生的犯罪数据没有任何价值，因为这些记录过程是受它们影响的。例如，Malcolm Young（1991：323）提出，在20世纪50年代和60年代早期，当犯罪不是一个政治事件时，警察很少有动力记录大量犯罪。作为结果，地方财政没有提供过超额的经费。事实上，因为警察效率一般是根据破案率判定的，轻微犯罪的破案前景不够乐观，所以警察没有理由或动力记录轻微犯罪。所有这些在接下来的10年里逐渐发生变化，犯罪上升为一个政治问题。美国开展的许多经常在地方水平上的研究，表明政治压力对犯罪记录的影响（参见Brien摘要，1985）。这些研究中许多是关于毒品领域犯罪、卖淫和赌博；大多数这些犯罪在英格兰和威尔士是不可起诉的，但是关于那些因为这些犯罪被起诉人的数据是非常敏感的。其他导致记录增长的社会变化未能被提到，如技术的成长、快速反应到达出事地点的承诺、与政府接触的增加等。在这种环境下，案件很少可能被非正式解决，而是可能在更早的阶段被正式记录。

二是组织情况。美国调查已经显示犯罪记录是怎样受到组织因素影响的，如工作实践和人员变化（参见McLeary et al.，1982）、警察部门专业化程度、高水平操作通常会导致记录保存发挥更大的作用与此相对应犯罪率就呈增长趋势（更低的破案率）（参见Skogan，1976；1978）。在英格兰，Farrington和Dowds'（1985）的研究表明，在诺丁安郡高犯罪率和其相似地方的高犯罪率存在2/3到3/4的不同，这是因为诺丁安郡的警察更倾向于记录小额盗窃罪，准许有组织犯罪、复合的、连续的或系列的犯罪作为单独的犯罪。警队的视察团在1994年作的报告，发现“制度化的反常事物”和跨越西北伦敦大都市警察区域的不同记录实践，导致评估关于犯罪计划履行效率的困难，尤其是夜盗（参见Guardian，14December 1994）。其中一个反常事物是，过去一些警力将许多试图破门入室的行为作为损坏财物犯罪而不是夜盗罪。新公布的指标去除了这些反常现象，导致了夜盗罪数量显著的变化。

三是情境环境。记录的最后决定因素是特殊的形势，包含在前两部分提到的更宽泛因素中。我们关于这些因素的一些证据又来自于美国。主要的影响看起来像是犯罪的严重性、原告的倾向、原告和犯罪嫌疑人间的距离，以及原告对警察的尊重（参见 Black，1970）。Pepinsky（1976）发现，当官员被指派处理案件时，非常受他是否能命名犯罪的影响。Maxfield et al.，（1980）认为，记录的水平受当时警察服务的总体要求的影响，但是这只适用于财产和轻微犯罪。Block 和 Block（1980）发现，抢劫罪在一些情况下更可能被记录：案件严重、抢劫已经完成和使用枪械。不必惊讶，在逮捕中也有相似的结论（一种侧重于犯罪人的数据类型）。Smith 和 Visher（1981）发现，逮捕的决定还与旁观者的在场、犯罪嫌疑人的种族、犯罪嫌疑人的敌对态度相关联，当限制在一定范围时，只包括犯罪的严重性。

毫无疑问，影响记录的很多因素也适用于英国的情况，但是我们没有这些各类的研究去证实。我们有许多有价值，但是相当印象主义的“未被记录为犯罪”的统计和原因的记录（参见 Bottomley and Coleman，1981；Young，1991）。例如，对做其他事情的偏爱，逃避工作，提高破案率，或一种感觉记录，虽然这种决定更安全地作出，在一些案件中，这些案件不能有任何的反复。这样的决定不总是毫无争议的，如当警察在处理家庭暴力案件时，尤其是在过去。

我们也有其他的犯罪记录研究，把撤销的案件称为“非罪案件”（参见 Mclabe and Sutclifle，1918；Bottomley and loleman，1981），它指出了如何合理运用。最后，我们得到在服务期限内采用不同的实践技术计算和记录犯罪的警官给出的、令人迷惑的记录，包括“‘未被记录为犯罪’的仪式、‘创造’、‘保留把戏’、‘琐碎的’、‘弯曲的’”。

**表 2.1　警察制作的“英国犯罪调查”犯罪记录的百分比预测：英国和威尔士，1993**

| | |
|---|---|
| 可以比较的所有犯罪： | 27% |
| 伤害： | 24% |
| 家庭夜盗： | 41% |
| 抢劫和扒窃： | 12% |
| 从汽车上盗窃（遭受损失）： | 31% |
| 盗窃或无权占有汽车（遭受损失）： | 92% |
| 无权占有、盗窃汽车或从汽车上盗窃（无损失）： | 12% |
| 盗窃脚踏车： | 35% |
| 破坏财物： | 14% |

来源：内政部（1994a：27）

看过犯罪数据制作的三个阶段，“英国犯罪调查”数据现在可以帮助我们预测最终作为已记录犯罪的比例。这些数字暗示，报告和记录决定共同对作为结果的统计资料产生影响。1993 年“英国犯罪调查”犯罪比率的预测在表 2.1 中有所显示，但未涉及这些表的资格问题（见第 4 章），可以看出，以一个现实主义观点，不同犯罪群有不同的犯罪暗数。历时相同种类数据的运用也给了我们关于犯罪趋势的不同观点。例如，在 1981 ~ 1993 年间官方犯罪记录提高了 111%，而“英国犯罪调查”的犯罪提高了 77%（见内政部，1994a：27 - 8）。然而，在 1991 ~ 1993 年这么长的时期内蕴藏着相反的趋势，当“英国犯罪调查”的犯罪上升 18% 时，类似的犯罪记录只上升 107%。

### 破案和查明犯罪人

破案率和官方犯罪人资料必须根据制作它们时的情况来理解。众所周知，很少犯罪是以经典犯罪小说的形式侦破的。许多案件的解决方式是当警察赶到现场时犯罪嫌疑人还在现场，或者是公众成员提供信息（参见 Bottomley and Coleman，1981；Burrows and Tarling，1982）。虽然破案中最大部分由起诉或判决创造的，但是相当多的案件是通过其他方法创造的，如 TICs 和“服刑人员坦白的犯罪”，还包括犯罪人已经因另外犯罪被起诉（见内政部，1994a：表格 2. 12）。近年来，破案的间接方式的运用引起了一些争论，例如，Constable Ron Walker 向公众宣称肯特的探员通过劝说犯罪人承认他们没有实施的犯罪来扩大他们的破案率（观察家，1986 年 7 月 13 日）。

不同类型犯罪的破案率差异非常大，反映了到达现场警察遇到的侦查问题的特性（侵犯人身的犯罪的被害人一般认识犯罪人，因此产生高的破案率）。破案率在不同警力间也有很大的差异，虽然破案率经常被用来比较警力间的效率，但是应当注意到，破案率是受一些因素影响的。例如，警察面对特殊领域的问题，包括“混合犯罪类型”；间接破案的实施与策略，我们知道不同警力在这方面是不同的（参见 Walker，1992；Bottomley and Coleman，1995）。此外，一些警力已经分配出一部分人处理“服刑人员坦白的犯罪”，其他警力没有这一部分人，但是可以回应监狱在押犯要求探视的信件。这些警力可能经常发现，作为在媒体和政治压力之下的结果，他们的破案率受到了相反的影响。如果这种“获释犯罪人的逮捕”的运用或威胁可以作为一种方式，鼓励囚犯在释放前“坦白全部罪行”。消息传得很快，更多的信件可能被收到。最后，另一个关键点是，近年来以这种方式破案的概率已经下降，如从 35% 下降到 1985 ~ 1993 年间的 25%。原因是复杂的，需要明确解释，避免天真地把此类数据作为警察效率的简单指标。

很清楚，简单地转向犯罪人数据，这些数据必然被以类似的方式观察。运用各种各样的策略和战略，如嫌疑的方式、调查的方法、发现和破案，共同影响着犯罪人记录。这是真的，从停止和调查，直到破案的间接方法。被采用的方法在一定程度上鼓励对已知犯罪人的关注，或对那些出于各种原因被认为与已知犯罪人相似的人的关注，或对那些不受制度如隐私权（参见 Stinchcombe，1963）等保护的人的关注，这些人的记录将会因此而膨胀。然而那种旧观点，认为犯罪人资料只是警察旧习和有效战略的产物，不被很多人认同（参见 Mayby，1979；Bottowley and Coleman，1976；1981）。很多人对此持有不同的看法，尤其对于最应该报告的案件。虽然这里没有足够的篇幅来进行充分讲述那种把犯罪嫌疑人和被判有罪者看做是社会构建的观点（参见 McConville et al.，1991），但是我们在下一章中讨论官方数据和替代方法提出的关于犯罪人的特征。这里，是时候继续思考官方数据提供的图像和我们在前面讨论的启发下可能从图像中得出的结论。

## *犯罪数据：什么图景？什么结论*

### 地理分布

“犯罪统计”不断地显示，占优势的乡村警力区域一般在每 10 万人口中具有最低的犯罪记录数量，然而大都市区域和那些包括大都市的区域有最高的犯罪记录数量。例如，1993 年，Dyfed、Pauys（5200）和萨福克（6700）有最低的记录犯罪率；汉柏塞（16000）、诺丁汉郡（15000）、诺森伯兰（14800）和西约克郡有最高的记录犯罪率（见内政部，1994a：24）。这些发现与传统的发现大体相同，都发现城市化与记录的犯罪比率的关系，但是这种关系不是完全适用的（e. g.，城市化最高的地方没有最高的犯罪率）。我们前面的讨论提出区域间的一些不同，原因可能是报告和记录的操作不同（参见 Famycon and Dowds，1985）。

### 犯罪类型

1993 年，5526000 记录犯罪被简单地划分为大体的犯罪组，制作出图 2.1 显示的图像。许多点能制作关于这个粗略的和不成熟的分类细目，它与官方一般的分类不完全相同，在图中，汽车犯罪不是一个完整的种类，暴力犯罪被细分为暴力侵犯人身的犯罪、性犯罪和抢劫犯罪。

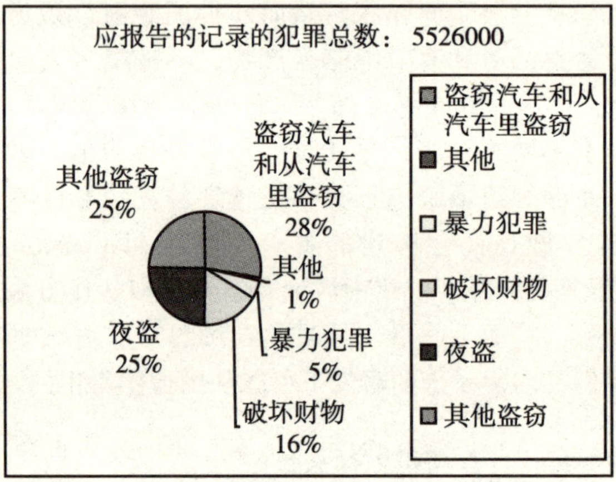


**图 2.1** 警察记录的应报告犯罪的犯罪类型：英格兰和威尔士，1993。

来源：内政部（1994a：图形 2.1）

1. 盗窃汽车和从汽车里盗窃。也许最惊人的是此类犯罪在整个图像中所扮演的重要角色，应当记住，盗窃汽车犯罪一般来说更可能被报告和记录，但是很多其他类型的汽车犯罪案件则不然。毫无疑问，汽车犯罪是过去 10 年里主要增长的领域，显示了犯罪如何随着机会的增多而发展到相当大的规模。

2. 其他盗窃。盗窃占到了所有有记录的应报告犯罪的一半。图形显示仅次于盗窃汽车和从汽车里盗窃，商场是犯罪人喜爱的第 2 位的目标，每 10 个记录的盗窃案中就有 1 个。然而，必然记住，许多类似的案件都没有被记录。“英国犯罪调查”中没有商场盗窃的数据可以为我们提供帮助，但是此类犯罪可能构成图中揭示此类犯罪暗数的较大的组成部分。

然而，“英国犯罪调查”数据显示扒窃案件也有一个非常大的暗数。

3. 夜盗。此类犯罪占到盗窃犯罪总数的 1/4 强。在那一年，1/4 的家庭发生夜盗，包括没有财产被窃的案件，很多都是未遂（见内政部，1994a：32）。看历史的大体趋势，来自于家庭普查和“英国犯罪调查”的数据显示，夜盗罪的一些增长是由于报告和记录率的增长所致。

4. 破坏财物。根据“英国犯罪调查”数据，刑事损害案件占到犯罪总数的 16%，而且这种犯罪存有庞大的未报告案件暗数，在 1993 年，估计只有 14% 的犯罪被记录下来（见上文）。另外，虽然记录在案的犯罪在 1981 ~ 1993 年间增长了 2 倍多，然而英国犯罪调查显示只增长了 25%（见内政部，1994a：34）。

5. 暴力犯罪。这是最复杂的类别，它可以分为对人身暴力、性犯罪和抢劫，甚至在这些种类内部还存在着很大的差异。首先，少于 1/10 的在 1993 年记录的人身暴力案件（205，102）是最严重的案件类型，包括夺去或危及生命。在整个类别中，“其他伤害等案件”占主导地位，它们主要是由殴打组成，经常包括简单的殴斗而不是使用武器。

6. 性犯罪（1993 年有 31284 个记录）。一半以上性犯罪是对女性的非礼强暴，包括强奸（最经常记录在案的 4589 个）、对男性的非礼强暴（3340 个）。过去的几年中，随着人们逐渐意识到这类犯罪存在大量暗数，稳定增长的犯罪记录提出这样的疑问，即通过改善警察的办案程序以及根据被害人本人可能存在的更大意愿会改变犯罪行为的定性。“英国犯罪调查”数据对于这种犯罪没有什么帮助。

7. 抢劫。抢劫只占所记录犯罪的 1%。这包括那些有争议的被认为是愚人的犯罪，虽然如此，正如在犯罪统计资料中的注解说明的那样，一些这样的犯罪既可以分为抢劫，又可以分为扒窃（见内政部，1994a：32）。我们认为，这样分类不是很严格，并非为案件分类的判断和实践推理的最佳方法。

暴力犯罪整体占总数的 5% 的事实经常被当做“问题”现实规模的指标，它“应保持一定的比例”。除了从没进入这些统计资料的所有案件，如“英国犯罪调查”预测只有 24% 的伤害案被真实记录，遗弃了许多普通殴打案件，这些案件不是应报告案件，这种观点首要关心的是犯罪数量，而不是犯罪的性质和影响。正如 Maguire 和 Corbett（1981）所显示的，此类犯罪和它们的通常比盗窃犯罪对被害人造成的影响大得多。这又指出了一种观点，即除了简单的数量统计外还有其他衡量犯罪的尺度。

8. 诈骗和伪造。这种类型犯罪有相关的点，它们占了官方图形的 3%。这种类型犯罪在世界犯罪统计资料中不占主要位置，至少有三种因素抑制其发展。正如 Maguire（1994：252）所指出的那样，这种犯罪的计算规则（早先讨论过，其中许多是连续系列类型）有效地缩小了它们相对的份额。而且，早先提到的一点，许多已知的案件被其他行政机构处理了。另外，这些数据也没有考虑到一些此类案件所涉及的金额规模。Maguire 引用 levi（1993）重要著作来说明这个最后的因素指出，英国最近起诉的大部分诈骗案涉及的总金额（Barlow Clowes，Guiness，Maxwell，BCCI，and Polly Peck）与在盗窃和夜盗中被盗的金额相差无几。类似于以前犯罪分类提到的一种推论，显示在犯罪统计资料评价中：“公众关心的主要是金融诈骗，它们只占记录的诈骗犯罪的一小部分，诈骗犯罪大部分是小金额的。”

9. 其他类型犯罪。比例最大的是毒品交易，它在 1993 年记录为 14800 件。Monica Walker（1995：19）认为，“这种犯罪可能是未知犯罪的暗数的最大组成部分（虽然诈骗犯罪可能也占一个大的比例）”。在我们看来，关于最大犯罪暗数的争论不可能完全解决。

***犯罪人数据：什么图景？什么结论***

在这个简短的部分，我们要明确一些关键点。

第一，犯罪人统计资料不是犯罪案件统计资料，是我们通向不应报告犯罪的主要向导，如那些关于酗酒、汽车执照和逃避地税许可的案件。当然，这些统计资料都应遵循警察和其他机构的行为。汽车犯罪的数字（以警察采取行动的形式）在公报和附表中有所反映。这里明显的一点是，由法庭处理的案件数量在这些年里的变化，应当用近年来使用得更广泛的其他处理诉讼的方法来解释，如自 1986 年始，固定刑的广泛运用。

第二，这些官方数据给出了一个典型的犯罪人图像，男性和青少年。其他数据（包括在监狱服刑人员）表明官方明确的犯罪人倾向具有种族和阶级等特征，犯罪人也遭受种种形式的损害。正如 Walker（1995：34）评价的那样，"这里没有理由支持这种观点，认为这些犯罪人的性别、年龄和种族特征代表社会中所有犯罪人特征"。因此，我们在下一章，在任何能收集到的不同形式的数据的帮助下，探讨这些问题。

第三，在 1983～1993 年间记录犯罪数量实质上增长时（从 3247000 到 5526300），被发现有罪或被警告的人的总数没有增长。事实是，在 20 世纪 80 年代总数还有所减少。毒品犯罪人是主要的例外，整个时期都在平稳地增长。Walker（1995：35）已经提出三个解释，解释在 20 世纪 80 年代总数减少的原因。第一，10～16 岁男性和10～13 岁女性犯罪率下降，可能部分因为刑事司法系统改革作用的增强（也见 Farrington and Burrows，1993，关于在 20 世纪 80 年代已知商店盗窃犯的减少）和 1988 年刑事司法法案将许多可诉犯罪归类为简易审决罪。第二，1984 年警察和刑事证据法案严格了监禁和拘留犯罪嫌疑人的程序。第三，运用 Fewles 的研究（1993），她指出"皇家诉讼服务"（介绍，如 PACE，1986

年）“导致弱案淘汰的结果”（笔者认为过于简单化），造成很多案件进入审判阶段。无论那些精致的理由是什么，这些倾向告诉我们关于司法系统的显然比关于犯罪人行为的要多。

最后，我们应该参照包含在犯罪人索引中的数据资源，再制作一本参考书。虽然迄今为止我们思考过的其他形式的数据为我们提供了一年中经过刑事司法程序的案件和人的数量，但是索引可以为我们提供更多关于历史的犯罪人生涯图像信息。例如，在1953年出生的人中，只有35%以下的男性和8%以下的女性35岁以前被判定标准目录上的罪名（见内政部，1994a：第9章；Tarling，1993）。其他大量细节可以在这些资源中发现。索引的不足在于它排除了关于警告的信息，而近年来“警告”成为法庭外处理犯罪人广泛使用的方法。这对较晚出生的犯罪人判罪率的减少有影响，进而导致跨年代比较更困难。

### 结　论

作为结论，我们返回在第1章中简述的通向官方统计的三种途径。我们已经向那些持传统现实主义观点的人，展示了官方数据的有限性（关注发现犯罪发生的真实数量）。他们的一些希望保留在一些单独的犯罪上，如汽车盗窃和杀人。甚至对于后者，新近一些很久以前的被谋杀的被害人的发现和失踪人口的绝对数量，已经向这种观点提出了质疑，因此，毫不奇怪，很多持这种观点的人转向了被害人调查和自助研究，寻求至少一种犯罪和犯罪人的替代方法。同时，“官方统计是公民认为的严重犯罪的有效指标”（参见 Gove et al.，1985：451），这种看法受到争议。许多犯罪学家在没有更好的替代品的情况下，一直在使用官方统计，或与其他形式的数据结合使用。

此外，构建主义学派主张重新理解官方数据，将其作为社会建构的产物。笔者希望，这种观点也能帮助理解一些关于法律运作和刑事司法程序的方面，包括公众的角色。虽然现实主义者能从这种观点中学习到对于他们所从事的事业有价值的东西，但毫不奇怪的是，他们中的一些人最后会因它变得兴奋，和它一样将焦点集中在产生犯罪和犯罪人过程中的无数复杂的社会互动关系上。如果有一些关于这一观点叙述的话，几乎没有回答现实主义者关于犯罪和犯罪人的问题。那些问题并非是他们所关注的话题。希望这些研究者回答此类问题一样，就像打电话给史蒂芬·霍金（《时间简史》的作者，译者注）问他现在几点一样，他毕竟是这个领域的专家。

最后，激进的观点被广泛地理解。这种观点质疑官方犯罪图像制作方法的基本要素。它经常质疑犯罪本身的定义，法律的结构、表示犯罪的方式、指挥犯罪人程序系统的运作等。它经常注意到事情怎么能不同，包括犯罪的概念、价值和司法运作。它经常坚持官方的犯罪肖像传达了重要的关于社会问题存在哪里的意识形态信息，信息本身可能有真正的结论。它的价值，它的特殊方法，它的独特描述方式使得它有潜力创造不同于官方的犯罪图像，将犯罪与社会结构和文化等广泛的问题相联系。任何特别的观点无论其价值和局限，都有其位置去质疑基础价值和假设，以及关于用什么可以代替它们的讨论。没有这样的敏感性，犯罪数据的讨论将是拙劣的。

### 总　结

本章总结了关于犯罪和犯罪人的官方统计的主要来源，焦点放在英格兰和威尔士的犯罪统计资料上，集中解释了这些统计资料中关键的概念、规则和使用的程序，如控制统计犯罪的规则和犯罪作为“破案”的情况。在大多数诉讼中，关于犯罪的性质和犯罪人特征的信息非常有限。这些数据被认为是社会的，将它们的制作过程分成四个主要阶段：发现，报告，记录犯罪，破案和查明犯罪人。1993 年官方数据被考虑用来领会广泛的结论，如果有广泛的结论的话，我们能从中了解很多方面的情况，如犯罪地理分布、划分不同的犯罪类型、犯罪人的特征和近年来总体的趋势。本章通过思考在第 1 章中提出的关于犯罪统计资料三个观点的讨论的一些暗示，得出结论。

***进一步阅读的文献***

在本章，我们避免对更详细的统计资料数据的广泛讨论，这会占用很大的篇幅，并且将很快过时。因此，我们能获得的最新的官方统计对于那些对英格兰和威尔士感兴趣的人，是一个很有益的补充，如“犯罪统计资料”或“内政部统计资料公报：应报告犯罪”。从 Bottenley 和 Pease（1986）所写的通用课本中我们能学到很多东西，即使许多说明性材料已经过时。它包括关于刑事司法后一阶段的数据，如审判和入狱。另外一个综合性的通用课本是 Walker（1995）写的，它也包含有近年文章材料，涉及了不同类型的数据。对于更深入的材料，可参考 Bottomley and Coleman（1981），Farrington and Dowds（1985）and Young（1991：第 5 章）。最后，我们遗憾没有更多的篇幅讨论其他国家的官方统计。例如，O'Brien（1985）涉及“统一犯罪报告”的讨论，它是美国的官方犯罪统计资料。

# 第三章

## 自我报告：真实的供述

本章介绍了下列关键概念和专业术语，这些概念和术语在本书的词汇表中可以查到：少年犯罪、流行病学、发生率、犯罪数量、流行率、典型研究设计、纵向设计或研究、效度、冲突理论、紧张理论、文化越轨理论、控制理论、预测效度、效度检验、专题群体数据的效力、信度、参照期、时间控制手段、延伸误差、年流行率、整体犯罪率、以往的测量、去年的测量和检验—再检验程序。

尽管很多世纪以来，人们一直承认犯罪，但是它被用于犯罪学的研究也仅是不久前的事。自我报告式的研究，是指研究者向人们就犯罪和其他违法行为问题直接进行提问的研究方式。提问的方式包括自我完成的问卷调查和面对面的访谈。这种调查所得到的数据可能会受到怀疑，事实上也是如此，但是，就犯罪学而言，一定程度的怀疑还是可以接受的。因此，我们有必要仔细考察一下自我报告的发展历程、研究目的、过去调查采取的方式及由此获得的信息的质量。在本章的最后，我们将对自我报告进行评价，指出这种研究的全部优缺点，并阐明这一研究及其发现对犯罪学的意义。下面，我们考察一下这一研究的目的或目标。

***目的问题***

目的不同，则自我报告研究的设计、运用的方法及其结果的运用也就不同。关于自我报告的研究目的，我们可以来举例说明。首先，正如亨德兰（Hindelang）等人（1981：88）所述，该研究的目的之一似乎在于“构建一种没有遗漏、没有误差、没有偏见的测量少年犯罪的与官方统计方法类似的方法”。尽管研究人员经常讨论的研究目的只有一项，但在实践中，如我们下文所述，该研究所测量的行为的范围要更宽一些。起初设计要测量的行为与实际测量的行为之间的差异导致了这一令人困惑的现象。下列事实增加了导致这种困惑的程度：“少年犯罪”这一术语在不同的场合具有不同的含义。一些人在较窄的范围内使用这一术语，仅指少年违反法律的行为；而另一些人在较宽泛的范围内使用这一术语，是指所有的少年实施的不当行为。况且，在美国，“身份罪”这一术语仅用于指某类行为，只有该行为由一定年龄范围之内的人所实施时才构成犯罪，相应的，如果该行为由成年人实施则不构成犯罪。

第二个目的，主要是源自第一个目的，可能是为了研究人群中少年违法犯罪的分布情况（如特征、程度和比例等）。这包括在一定的人群中选择一个有代表性的样本，使研究结果具有代表性。应当在事前避免抽取样本和不同群体回复率的任何偏见，在可能的条件下，在事后应得到修正。例如，如果较多的少年犯罪人被抽到的机会很小，并且回复的可能性更小，则将影响这一调查的结果。研究者必须清楚关注的是犯罪还是犯罪者，因为有时二者常容易被混淆。关注犯罪，意味着所做的大量工作是为了相当清楚地估计在一个既定时期的犯罪数量（通常指的是发生率，但更好的术语是犯罪率）。而证明一个人群中的犯罪人的数量或比例（通常指的是犯罪分布状况)，则是另外一项不同的工作。

第三个目的是验证少年犯罪或越轨理论。理论与他们试图解释的内容不同，这可能与上述第一个目的不一致。相反，理论要么关注更广的行为，要么关注更窄的行为。然而，重要的是，理论上的界定和实际上被测试的行为之间有一定的相似性。传统上，理论主要关注两个方面，一方面鉴别非少年犯罪，另一方面识别能够被归类于少年犯罪的个体。为了达到这一研究目的，一定时期的犯罪率在某种程度上是可以忽略的，而且常常忽略了大部分。作为一个结果，一些研究轻易地把承认曾经从事过被问起的行为的人作为少年犯罪人。一旦这两类群体被视为同一的，那么任务就变成是参考其他变量或因素来解释行为模式。

根据因果分析的准则，相关性是不充分的。我们必须在其他事情中努力明确是否存在一些为先前的少年犯罪行为的理论所暗含的一些变量或因素。假如没有，则不能视为有因果关系的情形。有人认为，使用横剖面研究时（在该种研究中，在某一时间点上的各种可能性都被考虑)，因果顺序是很难确定的；而使用纵向调查时，一个群体被长时间跟踪，能够收集到不同时点的数据，并能够辨明这些事件发生的顺序。然而，纵向研究在犯罪学上很少见，因为这类研究耗时长、费用高，而且人们对其所谓的优点持怀疑态度（参见 Gottfredson and Hirschi，1987)。虽然如此，我们将依然会在本章中碰到这些问题。

在本节中，相关的资料可能具有很强的技术性，但是并不枯燥。更重要的是，自我报告研究者和使用人都必须清楚上述三个目的。

### *自我报告研究的发展*

#### 20 世纪 40 年代：开始时期

自我报告研究据说产生于 20 世纪 40 年代中期。当时，一些令人满意的自我报告的研究大批涌现，但比较凌乱，缺乏系统性。波特菲尔德（参见 Porterfield，1946：38）在一份对已判决的年轻人和学生的研究中发现，后者自由填写的报告比前者更接近少年犯罪，包括 1 名承认犯了表中所列的 58 项罪中的 28 项的“成功的牧师”。根据欣德朗等人（参见 Hindeland et al.，1979：996）的观点，对由一个学生实施的一起谋杀案的供认强化了上述观点，但是，谁知道是否如此呢？在这个时候，或许很多人都不知道关于牧师的性格缺陷的报告和凶残的学生的报告的内容到底是什么？沃勒斯特恩和韦勒（参见 Wallerstein and Wyle，1947）在另一个有重大影响的研究报告中同样发现了大量自我报告式的犯罪行为。最后，在墨菲（参见 Murphy，1946）的研究中，跟踪调查了美国很多被选为样本的处于青春期的男孩。在这 6416 个孩子中，只有相当少的人报告犯了 5 年刑期以上的犯罪，他们中只有 0.5% 的人引起了官方的行动，只有 11% 的人因严重罪行被起诉。然而，这些“受到官方关注的”犯罪人的犯罪行为比那些“没有受到官方关注”的群体的犯罪行为更加频繁和严重。

毋庸置疑，那些研究当时引起了人们的极大关注，并且被社会学家和犯罪学家大量引用（例如，Merton，1957：144）。当人们对这些资料的质量还不确定时，就匆匆下结论似乎有些不明智。然而，人们仍认为，这些研究是对自我报告的研究的探索，是系统研究的开始阶段。沿此路径的更为系统性和有力的研究可能会产生更加令人感兴趣的回报。

### 20 世纪 50 年代：初步研究显示了发展前途

或许 20 世纪 50 年代中期最重要的突破是奈（参见 Nye's, 1958）对于家庭关系与少年犯罪行为的研究及其与肖特所作的其他研究（参见 Nye and Short, 1957；Nye and Short, 1957；Nye et al., 1958），所有这些研究都用自我报告的技术来测试少年犯罪。在这些看似旧式的研究上花些工夫是值得的，因为它们对后来的研究有所影响。基本的研究方法是施用于各种人群的匿名的少年犯罪表。全表包括 23 项，其中 7 项是根据统计数据来确定等级的：无照驾驶，逃课，否认父母对他们的权威，偷价值超过 2 美元的小东西，买/喝啤酒、白酒或酒精，故意损坏或破坏属于他人的公私财产，和异性有性关系。但稍作思考就会发现，这些都不是严重的事项，也不都是犯罪（这仅仅是一些记录年轻的时候到底做了多少类似犯罪的事）。全表包括了一些严重的项，比如，偷价值超过 50 美元的东西（在 20 世纪 50 年代的美国，这是一个相当大的数目），使用或出售毒品，但是其中的大部分事项都是类似的相当轻微的行为。这些事项中的许多内容将在以后的研究中再出现。

被调查者被要求按照与频率相关的既定的范畴回答每一事项。最频繁的范畴经常是“超过 5 次”或“超过 6 次”。频率范围有明显的缺陷，即不能得出犯罪行为频率的确切数字，导致同等对待出于各种意图和目的而实际上有着完全不同犯罪频率的个人。例如，我们无法将有 9 次非法性行为的人（是该选项中最高的）与有 90 次非法性行的人（这无论对于科学而言，还是对于年轻人而言，都是一个重要的和耗费精力的选项；我们将在后面再回到这一夸张的选项）区别开。然而，这些选项的大部分将被调查者分为四个频率等级，从“经常”到“从不”。当然，这也有同样的不利之处，给主观解释和个人标准留下了空间。最后，全表还有另外一个特征，即在选项之间有重叠，如搏斗和帮伙殴斗被列为不同的选项。这使得同一项行为有可能被统计一次以上。

每一个研究的样本和细节都因各自的目的不同而不同，其中一个是检验少年犯罪的特定的理论的（参见 Nye，1958）；两个是关于方法论问题的（参见 Nye and Short，1957；Short and Nye，1957）；第四个是考察社会经济地位与少年犯罪之间关系的（参见 Nye et al.，1958）。最后一个研究报告很清楚自身的限制：少年犯罪中更严重的类型没有包括进来；样本来自乡村、小城镇和城市的中学，不包括大城市或非白种人的样本。涵盖这些人群的研究是最近的事了。作者总结道：这些样本表明，对于男孩和女孩来说，社会经济地位和自我报告的少年犯罪之间的关联度不高，这与那个时代通行的理论预期相反。相比较而言，在另外来自州少年犯教养所（对于“官方的”少年犯罪行为）的样本中，其中50%来自最低的社会经济地位阶层，该阶层的人在中学中的人数仅有13%（参见 Nye and Short，1957）。作者认为，这些结果暗示了这样的理论，即少年犯罪集中在“较低的阶层”，而且研究者的资料来源于“官方的”渠道。

### 20世纪60年代：研究的发展挑战了旧观念

20世纪60年代见证了自我报告研究在数量上的增加。例如，登特勒和门罗（参见 Dentler and Monroe，1961）使用匿名问卷的方式研究了来自城郊和乡村初中的年龄较小的青少年盗窃人。他们的结论是，在这些少年犯罪者父母的职业等级（在这些研究中，通常这样来衡量这些孩子的“阶级”）与他们的越轨行为之间不存在关联性。埃里克森和埃姆佩（参见 Erichson and Empey，1963）使用小的样本（15~17岁间的白人男性）研究官方定义的少年犯罪。他们研究的特别之处在于方法论的视野，他们的研究使用详细的面对面交谈的方式进行。这种方式对于那些在读写方面有问题的人很有帮助，有助于提高这些人对这些问题的全面理解。这个研究发现了社会经济地位与少年犯罪行为之间的关系，但这可能是样本中上流社会的少年犯罪人较少的缘故，在抽取的样本中上流社会的人仅占16%，他们的少年犯罪占全部供认的违法行为的9%（参见 Empey and Erichson，1966）。尽管一些其他的研究对这种方法和它所获得的数据的质量有一些质疑（参见 Clark and Tifft，1966），但大部分研究都关注了社会阶级和少年犯罪的关系问题（例如，Reiss and Rhodes，1961；Clark and Wenninger，1962；Akers，1964；Voss，1966；Gold，1966）。迄今为止，上述所有的研究都是在美国实施的，关于这一主题的工作现在仍在斯堪的纳维亚进行（参见 e. g，Christie et al. ，1965），在英格兰也有些超期的研究仍在进行（参见 McDonald，1969）。

或许在这个10年中，对于数据的质量问题最敏感的研究是戈尔德（参见 Gold，1966：1970）对美国一个大工业城市中的13～16岁的男孩和女孩的研究。戈尔德的研究采取了个人面谈的方式，而不是传统的问卷调查，因为这种方式能够让他发现其他相关的犯罪，并且能够详细发现潜在的少年犯罪行为。

这似乎是重要的，因为许多最初入监的人后来被发现是“非可起诉”的。此外，似乎在过度报告的资料中有一些系统性偏见的迹象：例如，富有的男孩子最可能承认轻微破坏财物（行为），这是一种至少在某种程度上会有助于说明阶级和少年犯罪之间关系研究的倾向性特征。当然，反对访谈的共同理由是，它可能比匿名问卷更具有掩盖性。出于这个原因，戈尔德不仅给予被调查者保密的保证，而且访谈了被调查者的一群朋友以便收集关于证人目击的或者作案人向他们描述的行为的独立信息。然后他针对最初的自我报告检验了这些信息。戈尔德从这个检验中推论72%的最初研究对象是“真实的陈述者”，只有17%的研究对象是“彻底的隐瞒者”。有趣的是，多数少年犯罪人并不必然是隐瞒者。正如戈尔德所承认的：这个检验没有告诉我们关于“单个犯罪人”（那些独自作案，且没有向他人透露细节的人）的任何信息，而且还有被夸大的可能性。但是，考虑到改进资料质量的目的，他的研究结果有着特别的意义。

戈尔德关于社会地位（通过父亲的职业声望衡量）的研究结果在当时是极具有意义的。他估计尽管有官方犯罪记录的最低社会地位的男孩的犯罪率是最高社会地位男孩的 5 倍，如果把自我报告研究作为少年犯罪的指示器，低社会地位与高社会地位少年犯罪人的比率会降到大约1.5∶1。同时，他也注意到有 3 ~4 次发现许多低社会地位的男孩的犯罪频率和犯罪严重性都最高。他指出，也许官方记录是习惯性犯罪人和严重犯罪人的社会地位的晴雨表。

戈尔德的研究成果和含蓄地或明确地提出的研究方式今天仍值得我们关注，但是在其后未来数年内，这个研究领域仍有一些关键问题需要解决：访谈法相对于匿名问卷的优点；不同的研究对象可能产生不同的结果；从中可得出的有限的结论；研究的重点是习惯性和严重的犯罪人还是实施了少量不太严重犯罪行为人群会不会结论不同；最后，还有有效性的问题（我们如何能确信这些方法测量了它们想要测量的内容）。

戈尔德的研究同样表现了对少年犯罪与种族等社会因素相关性的关注，早期研究在很大程度上忽略了这一点。另一个对犯罪的种族差异性关注的研究是以一个城市主要少年犯罪高发区域中 13 ~18 岁下层阶级的男学生为研究对象的项目（参见 Chambliss and Nagasawa，1969），发现黑人少年被逮捕的次数是白人少年的 3 倍，但是这两个群体承认卷入少年犯罪的百分比却是相同的。作者推论这两种测量间的差异可能是由于官方机构的偏见、黑人少年完成的自我报告过渡渲染和他们的不太恭敬的举止而导致的。

我们这里不过多讨论种族和阶级问题，留待后面的章节论述。但是，对于为什么这个时期自我报告研究引起这么多注意和为什么日益频繁地进行自我报告研究，我们希望我们已讨论的问题能给人们留下印象。显然，这些研究对于作为很多理论起点的被广泛接受的关于少年犯罪的“事实”提出了很多质疑（参见第1章）。根本点是由于许多自我报告和官方测量手段之间存在主要差异。如果不能以某些方式解决这些差异，看来犯罪学就没有建立归纳理论的坚固基础。所有的犯罪学家承认官方统计受各种过失犯罪或遗漏犯罪的影响，而且犯罪学家也逐步开始放弃传统的官方统计所显示的解释少年犯罪的工具，如社会阶级、种族等因素。因此，自我报告促进了那些不把阶级作为主要解释因素的理论（如控制理论）的研究，也促进了避免刑事司法系统偏见的其他可能性研究的发展。当然，后来的研究主题巧妙地与20世纪60年代后期流行的标签理论和冲突理论相吻合（参见Chambliss，1969；Quinney，1970）。这些观点表明，刑法的运用很大程度上具有阶级性。可见，刑法的运用无疑是阶级和广泛的社会权力结构的作用，而不仅仅是对个人违法行为的公正反应。

### 20世纪70年代：稳步发展

在接下来的10年仍然持续对社会阶级（或者更确切的说是其职业地位或父母的声望）和自我报告的年轻人的越轨行为间的联系的关注（参见Tittle et al.，1978年的讨论；本书第5章）。此外，在上述先驱研究（参见Gold，1970；Chambliss and Nagasawa，1969）的引导下，学者越来越关注对种族和自我报告的少年犯罪间的联系（参见Williams and Gold，1972；Berger and Simo，1974；Forslund，1975；Jensen and Eve，1976）。

在这10年里，自我报告研究中日益受到关注的另一个“社会相互关联”的变量是性别。追溯20世纪60年代的最初尝试性的研究，许多着眼于在少年犯罪中男性和女性的有关归因分析（参见 Jensen and Eve，1976；Weiss，1976；Cernkovich and Giordano，1979；Hindeland et al.，1979；Johnson，1979），此时再次出现了官方资料和自我报告之间的差异的可能性。保克斯（参见 Steven Box，1981：84）在这 10 年的后期总结了他可利用的研究，推论全部的男性和女性的犯罪率远远小于官方统计所显示的，声明“正如我们不得不怀疑基于少年犯罪的主要阶级差异的理论，我们也需要怀疑以少年犯罪主要是男性犯罪为前提的观点”。没有更清楚的迹象表明，一些犯罪学家一直在认真地质疑少年犯罪分布的传统观念，而且没有放慢对这个问题的追寻脚步。

此外，同样在这 10 年的后期，欣德朗等人（参见 Hindeland et al.，1979）声称，对少年犯罪就诸如阶级、种族和性问题进行测量在自我报告和官方标准间形成的差异是“一个幻想”。他们的论据是轻微而高频率发生的行为，以便在官方非少年犯罪人的年轻人研究对象中捕获足够的少年犯罪行为。这些分类项目会得出实践中很大程度上警察并不关注的行为，像这些轻微的行为会覆盖在研究中使用的全球综合性衡量标准中任何严重的行为，因而掩盖了不同类型的少年犯罪和社会相关性间联系的重要差异，特别是严重的和低发生率的犯罪行为。在回顾了主要的相关研究之后，他们推论，至今仍没有充分调查在严重犯罪和它们的社会相关性间的联系，需要调查更严重的犯罪行为和更广泛的研究对象或者进行更充分的调查设计（参见 Hindeland et al.，1979：1002）。因此，在他们看来，造成明显差异的主要原因是“自我报告明显地选择了非官方资料统计范围的行为”（参见 Hindeland et al.，1979：1009）。在接下来的 10 年，他们继续遵循稍后一些他们在西雅图的重要研究，且打算详细检验他们的各种主张。

当继续以这些方式开展深入调查社会相关性的研究时，另一个在自我报研究中主要的趋向是在检验少年犯罪理论时使用的方法。在前10年的后期出版了这方面的一个先驱的研究。赫希（参见Hirschi，1969）系统地检验了少年犯罪的紧张、文化越轨和控制理论。赫希对加利福尼亚州的一个大城市的被研究对象进行了一份匿名问卷调查。对少年犯罪的测量包括6个项目，其中2个是由肖特和奈（参见Short and Nye，1957）进行的，另外4个是由登特勒和门罗（参见Detler and Monroe，1961）进行的，研究者们故意选择违法而不是轻微越轨行为作为研究对象，尽管赫希和他的同事后来质疑这种目的是否能够达到（参见Hindeland et al.，1981：90）。然而，至少由于它的两项主要结论，使得这项研究仍很重要。

从这份资料得出的第一个结论是社会经济地位与少年犯罪间的关系是不紧密的，这是通过改变关键变量或研究对象情形很容易就会消失的方式得到检验的。赫希期望表明了许多先前研究和类似的调查结果的连续性。他研究的第二个主要的结论是这些数据完全支持控制理论。普遍认为这一研究促进了这一事业的发展，在此后数年中人们乐于接受这个理论。当时，这个研究似乎给予在20世纪50～60年代占主导地位的理论毁灭性的一击。但重要的是，正如自我报告的方法如何逐渐被接受一样，在检验理论时，评估少年犯罪的方式也很重要。因此，在20世纪70年代，我们发现很多使用自我报告检验少年犯罪理论的研究，有时综合使用一些官方资料（参见Thomas and Hyman，1978；Johnson，1979）。

在英国同样发现一些使用这些方法的研究，甚至很多作者认为这种研究是实证主义最后的残喘，很多想法也绝非易事和坏事。因此，从“传统犯罪学”的堡垒产生许多实例。在利物浦内政部开展了一项对恶意破坏行为的研究（参见Gladstone，1978）。在伦敦男孩中开展的一项关于少年盗窃的原因的研究，发现1425名13～16岁男孩都承认有某种形式的偷窃行为。最后，也许最重要的是剑桥少年犯罪人发展研究项目，这么称呼是因为这是剑桥大学犯罪学研究所的犯罪学家开展的研究；最初的研究对象来自伦敦的一个工人阶级居住区。这是一项对411名男性的纵向研究，1961～1962年间，在他们8岁或9岁时，犯罪学家与他们进行了第一次接触，此后在不同的时期对这些研究对象进行交谈和测验以收集资料，最后一次交谈是当他们30岁时。每次对10种犯罪进行自我报告，并收集涉及伦敦犯罪记录部发现有罪的个人的其他罪行的资料。同时，研究者试图测量许多被认为是犯罪的因素或相关的变量（参见 West，1969；1982；West and Farrington，1973；1977）。

这项研究以同一人群为研究对象对自我报告的犯罪和官方记录的犯罪在一个较长时期内进行了比较，跨越了我们所讨论的大部分时期。这项研究也提供了关于成人的资料，这在大多数自我报告中相当缺乏，从而限制了从中可得出的推论。研究结果很难做到完全公正，但有一些例证有助于表明所提供的资料种类。例如，根据自我报告犯罪行为（承认曾经实施了一种或者更多的犯罪的人群）的犯罪高峰年龄是32岁，只有4%的研究对象否认在各个阶段实施了这10种犯罪。与之相比，1/3的研究对象被宣告至少有一项那个年龄段的罪行。将近70%的研究对象承认犯有至少6项偷窃行为之一，包括近50%的研究对象承认有商店偷窃行为（参见 Farrington，1989：406）。其他的研究结果加深了我们对诸如年龄与犯罪、犯罪行为的连续性、犯罪的多面性和专门化及官方资料和自我报告资料间的联系等主题的认识。此外，在考虑自我报告资料的有效性和其在纵向研究中的使用时，这些研究是有价值的。因此，我们应该在将来重新采用它们。

剑桥研究方法所显示的问题将我们巧妙地引向这个主题。在这10年间，对这一主题曾有一些讨论和相关研究。例如，法林顿（参见 Farrington，1973）使用来自剑桥研究的资料，表明自我报告有预测性：独立于其他的预测因素，一个时期的自我报告的少年犯罪意味深长地预言了未来的官方犯罪。其他研究者明确进行了关于研究方法的性质的研究（参见 Hardt and Perterson – Hardt，1977），但在这10年的末期，有学者这样描述这种情形，在对关于自我报告方法的可靠性和有效性的先前研究作一个简短的概述后，在如今习惯进行少年犯罪研究的地区开展了充分的工作。这些概述通常得出研究已表明自我报告方法是可靠的、有效的乐观结论（参见 Hindeland et al.，1981：212 – 13）。

但是，正如他们继续表明的，这种情形也不仅仅那么简单，其中有的观点是合理的，而有的观点则未必。这个问题我们在本章的后半部分会继续探讨。

20世纪80年代至今：成熟或面临危机

第一个值得关注的研究是欣德朗（Hindeland）等人在西雅图进行的项目，目的是检验上一段时期所提出的自我报告的方法问题。这是第一次提出自我报告的有效性问题。这个研究表明自我报告研究完全适于白人、在校生、轻微的少年犯罪人，这样得出的有效性结果也是可接受的。不幸的是，这个方法在黑人、男性的官方少年犯罪人中的有效性结果最差。这个群体可能比其他人更少向研究者报告警察早已知晓的犯罪；黑人男性不报告官方记录的犯罪的比率是白人男性的3倍，和研究对象中的其他群体相比，他们可能看来较少像实际的少年犯罪人。这个有效性的差别告诉作者：黑人群体的分析应当从这样的资料中分离出来，这样对试图评价少年犯罪的种族分布有着重要意义（参见 Hindeland et al.，1981：212 – 14）。

他们解决的第二个问题是先前我们提到过的自我报告研究的调查方式。研究者着手检验效果，根据所报告的少年犯罪数量和报告的可靠性与有效性，使用4种不同的调查方式：匿名问卷、匿名访谈、非匿名问卷、非匿名访谈。从他们的资料得出的结论：是“访谈并没有比问卷提供更好的可测定的结果（除非问卷资料更不足），而且通过测试发现，匿名性不能改进资料的质量”（参见 Hindeland et al.，1981：214）。但是，他们继续建议，在确定报告的事件的性质时进行深入访谈是有用的。就像我们所了解的，其他的研究者由于类似的原因，发现访谈更可取（参见 Erickson and Empey，1963；Gold，1966）。这表明倘若费用不是问题，关于低回收率的问卷调查凸显了访谈的优势。

20 世纪 80 年代公布的另一个重要研究是全国青少年调查。这是一项纵向调查，是以家庭而不是以学校为基础的，选择 11～17 岁的青少年为研究样本。选择家庭为基础的主要原因是为了避免以学校为基础的该人群的遗漏问题。这项研究非常有益于对青少年犯罪与社会相关因素关系问题的解决（参见 Elliott and Ageton，1980），但也进一步检验了解释少年犯罪和毒品使用的整合理论（参见 Elliott et al.，1985）。最后，这项研究提供了一个评论许多自我报告研究的方法论问题的机会（参见 Huizinga and Elliott，1986；Elliott and Huizinga，1989），而且出于这个原因，我们将在下一部分继续讨论这个问题。但这里值得强调的是，和许多早期研究不同，这些研究者发现在自我报告的少年犯罪中存在重大种族和阶级差异。他们将此归因于他们对设置的自我报告项目的反映中使用了扩充的犯罪频率范围，而不同于许多早期研究使用的删减的犯罪频率范围。当他们根据早期研究使用的方法重新评价他们的研究结果时，发现阶级和种族差异都消失了（参见 Elliott and Ageton，1980：103）。很显然，黑人和下层阶级少年更可能是高犯罪率的犯罪人群，但许多先前研究由于它们的测量方法没有发现这一点。

尽管获得纵向研究在一个较长时期内追踪调查一个同龄人群需花较多的费用和时间，但是似乎这一阶段纵向自我报告研究更多了一些。剑桥少年犯罪人发展研究继续发表研究结果的报告（参见 West，1982；Farrington，1989）。在美国，长期追踪调查了 1958 年出生于费城的同龄群少年来了解他们的犯罪生涯的发展（参见 wolfgang et al.，1987）。另一个早期费城同龄群研究仅调查了官方记录的男性犯罪人（参见 wolfgang et al.，1972）。此外，一份 20 世纪 80 年代后期出版的关于自我报告研究的资料用了整整一节来讨论在欧洲和北美进行或已完成的纵向研究所使用的方法（参见 Klein，1989）。这些研究有它们必须面临的特殊问题，如法林顿（参见 Farrington，1989）发现，他在研究对象 14 岁时所提的问题在后来不再始终适宜。不仅由于被调查者年龄变大了，而且他们所实施的犯罪类型和次数也发生了变化。旧的文献不能适应违法犯罪的变化，所列出的毒品数量是在询问从每个年龄段直到 32 岁的成长经历的进度表中最长的犯罪因素之一。纵向研究可能出现的另一个问题是“小样本研究效应”（panel effect）。索恩伯里（参见 Thornberry，1989）从他的资料中发现，在一个时期内多次访谈同一人群会导致他们承认的犯罪率的下降，这是由于他们再次被访谈导致的。

在英国，瑞利（参见 Riley and Shaw，985）对少年犯罪人和他们的家庭作了一项全国横向研究，该研究使用有计划的家庭访谈来调查父母的监督和少年犯罪间的联系。坎贝尔（参见 Campbell，1986）作了一项关于女性打架斗殴的探测性的自我报告研究。而其他自我报告犯罪资料来自英国犯罪调查中已包括的问题。这些资料特别重要，因为它包含了成人犯罪的信息。如果定期和系统地进行，这些调查能提供关于长期犯罪倾向的评估来补充被害人报告反映的犯罪倾向。目前，现有的出版作品似乎不能始终承认这一点。犯罪的数量包含的 1984 年的犯罪数量远远小于 1982 年的比较是很困难的（参见 Mayhew and Elliott，1990）。但是，正如我们在后面章节所显示的，研究结果确实提供了关于犯罪、年龄和性的令人感兴趣的资料。根据关于酒后驾车的相同调查资料，瑞利

（参见 Riley，1984；1985）发现，22%的男性和9%的女性承认近来在明知超越法律酒精限制情形下驾车，而当被调查对象是年长人群而不是年轻人时，此比例明显下降。来自这些调查的最后一个例证涉及毒品的普遍使用。莫特和布莱克（参见 Mott and Mirrlees－Black，1993）报道了1992年英国犯罪调查中17%的12～59岁的调查对象承认曾经在没有医生处方的情况下吸食了所列出的12种毒品中的一种（或者累计使用率）；有6%的人承认在1991年如此；有24%的16～29岁的调查对象说他们有时吸食大麻，而3%的调查对象曾经服用可卡因。

我们一直在关注最近的一项关于自我报告的少年犯罪的国际研究（ISRD）。这一研究动议似乎源于1988年在荷兰举行的一次会议。这项自我报告研究目的在于调查一些国家14～21岁人群的少年犯罪情况，所有的研究出于某种考虑采用了一种共同形式以便对它们进行比较。这些研究有其自身的特殊问题。例如，对犯罪和少年犯罪，不同的国家有不同的定义，由于地方语言的差异，适合于某个背景环境的少年犯罪调查项目可能完全不适合另一个背景环境，因此所涉及的问题有时不得不进行改变（更详尽的讨论参见 Junger－Tas，1989；Moffitt，1989）。

这项计划的第一个研究结果已出版（参见 Junger－Tas，1994），包括来自英国和威尔士部分的研究结果（参见 Bowling et al.，1994）。后者根据 ISRD 标准方法调查了14～21岁的研究对象，但这项研究也调查了25岁的被调查者，包括诸如严重违章驾车，保险、税务和救济金诈骗、信用卡和支票诈骗等特殊犯罪。研究包括了较年长的群体和他们可能经常采取的犯罪，且包括了白领被调查者，这是一件好事。先前的研究通常缺乏这些特征。对某些问题的改变也很有必要，以便适合这个国家对犯罪的定义。尽管研究（着眼于家庭资料）以访谈开始，但对使用毒品和自我报告的其他犯罪使用了自我完成的表格。正如过去的研究所期望的，结果是没有完成的表格比那些可能已完成的多（参见 Bowling et al.，1994：45）。此外，来自少数种族群体的被调查者比白人被调查者的未完成比率高，可能导致研究对象中特别是少数民族群体中犯罪人少的现象。最后，在分析自我报告犯罪的人口统计学特征时，主要使用了简单的犯罪率，将被调查者作为犯罪人分类，如果他们承认一种或者更多的犯罪，分为严重和轻微、一次和经常性犯罪人。正如我们从过去的研究所了解的，这同样可能限制了我们迄今为止关于性别、社会经济地位和少数种族群体的研究结果得出的结论。

我们如今完成了对过去50年的自我报告研究的发展历程的全部回顾。很显然，由于研究的复杂，导致各项研究各有优缺点，也导致了方法的独特性在某种程度上遭到了破坏。但是，自我报告的这种方法仍然被采用，在美国的使用更广泛，但在欧洲仅限于一部分地区。下面我们从方法的角度开始对自我报告研究的经验进行总结。

### *研究方法和方法论问题*

多数方法论讨论，无论它们多么努力，似乎都回避不了“效度”和“信度”的术语。我们早已以自己的方式定义了第一个术语。效度，常常是指对意图和想要测量的手段和数据资料所进行的真正的测量程度（参见 Huizinga and Elliott，1986：308）。在这种情况下的“检验”是自我报告的措施。当然，“意图测量的内容”根据你的目的会有些变化。信度，是指检测的精确水平。在这里，精确水平，是指如果我们对同一目标采用多种方法产生同样评价的测量手段的程度（参见 Huizinga and Elliott，1986：295）。在没有将测量搞得太复杂的情况下，效度和信度是衡量任何种类资料性质的标准；它们呈现的值越大，我们对使用的方法和得出的数据越自信。让我们在得出有关结论前考虑自我报告研究提出的各种方法论问题。如今，多数问题应是常见的。

### 调查表中太多的轻微行为

正如保克斯（参见 Box，1981：74）所提出的，太多自我报告研究关注轻微的犯罪，也包括“青少年身份犯罪和不良习惯”，以及未必产生刑事司法系统正式反应的一些行为。这形成与官方统计的对照和许多理论的细微联系。近年来，这方面有所改进，尽管魏特卡姆（Weitekapm）声称过去普遍采取的测量方法主要由轻微犯罪项目组成，欣德朗（参见 Hindeland et al.，1981）、埃利奥特等人（参见 Elliott et al.，1985）的研究中只有 4 个或 5 个项目，比肖特和奈等人（参见 Short and Nye，1957）的研究项目罪行更严重。第二个费城同生群研究（参见 wolfgang et al.，1987）包括了白领职务犯罪和谋杀（参见 Weitekapm，1989：338）的严重犯罪行为，但是对最严重犯罪的回答的有效性受到了一定的质疑。这就涉及了一些所谓的犯罪率较高的轻微犯罪的“有效性”问题，这个问题我们早已在戈尔德（参见 Gold，1966）的研究中看见过，这也是关于全国少年调查中轻伤害项目的一个特殊问题，当时大多数人的最初反应是“轻微的”时，就需小心对待分类项目的措辞，就需对事件的性质进行重复询问。但是，在多数研究中，我们并不知道人们对这些轻微行为的反应程度。

### 如何选择调查所包含的项目

既然调查包含了很多项目，我们不得进行选择。我们的选择应有“代表性”，但是具体调查什么内容呢？例如，不同的人群（基于年龄、性别、阶级、文化的不同）可能倾向不同的犯罪方式，因此当我们把不同的因素及其导致的犯罪进行比较时，就成了一个特殊问题，我们的调查表可能对某一群体偏爱的犯罪是有偏见的。

很多人使用官方统计所揭示的犯罪模式作为调查表制作的指南（参见 Huizinga and Elliott，1986：311），那么这就会导致自我报告统计不能起到验证官方统计而是继续证明其结论的效果。似乎没有理想的解决办法，但是研究者开始关注城市下层阶级青少年男性犯罪这一传统焦点问题之外的问题。当然，成人研究需要不同于青少年犯罪研究中使用的分类标准。

### 调查表中分类项目的重复

我们知道，调查项目的重复会导致对被调查者的相同犯罪行为的双重或三重统计，这是任何企图测量和比较犯罪率时就会遇到问题，因为这会导致某些犯罪数字的夸大。如果客观地检验理论，不要求精确的数字，也许不会这么严重。

### 分类项目需更详细

一方面，许多研究使用了能满足不同情况的相当概括的分类项目，这就包括了相对较少的项目。另一方面，使用更精确分类项目的研究者们发现，供认率相应地有所提高，更高的精确率明显有助于回忆案件（参见 Hindeland et al.，1981）。不幸的是，分类项目越详细，犯罪的范围就需要越多的项目来覆盖（而且不管它们有多少，总可能有犯罪或情形未被囊括）。而且项目越多，研究对象重复等现象就越多。同样，似乎没有理想的解决办法，不同的考虑把我们拉往不同的方向。实践中，回答这个问题的一个主要考虑事项是客观性和特殊研究计划的情节。

### 测量多次习惯性犯罪人的项目

过去很多研究使用相当含糊的种类或者被删节的量表来测量犯罪率，这导致了不精确的犯罪率和不能辨别真正的习惯性犯罪人。研究者提倡使用可以自由回答的问题来进行调查以得出关于犯罪率的更精确的资料（参见 Huizinga and Elliott，1989：176），尽管显然的持久型犯罪人可能难以回忆起犯罪的精确数字，而且可能需要访谈者的帮助。至于检验理论，并不要求精确的数字，但是任何量表应能让我们辨别习惯性的犯罪人。根据可靠的检验，埃利奥特和休津加（参见 Huizinga and Elliott，1989：175）发现，没有清楚的证据支持自由回答的或者固定的种类。

参照期的问题

参照期，是指被调查者被询问回忆少年犯罪行为的时期。许多研究使用了相当长的时期，肖特和奈（参见 Short and Nye，1957）的询问从“小学”时期开始，而其他人则询问了“曾经”犯过多少次特殊种类的犯罪行为。也许在控制必要的研究对象的规模情形下，长参照期具有最大化发现研究对象卷入少年犯罪机会的优点（参见下文），但是它们也有缺点，如难以将其调查结果和公布的官方统计进行比较，后者采用较短的特殊时期。此外，这种参照期，特别是跨度长的，似乎会导致资料遗失。例如，剑桥少年犯罪人发展研究 8 项以上犯罪中，平均 46% 的先前承认犯有一项罪行的人到 32 岁时却予以否认，导致法林顿（参见 Farrington，1989：416 – 7）推论：尽管“以往”问题可能是一个有益的补充，但它们不是长期内一个重复的自我报告的替代品。全国青少年调查资料表明，和 1 年的参照期相比，2 年和 3 年的参照期存在严重的报告不足情形（参见 Elliott and Huizinga，1989：166）。这项研究的经验同样表明，尽管在某些方面一个 12 个月的参照期太长，而且相应地增加费用（纵向调查企图覆盖一个想当长的时期），但一个更短的时期会增加压缩的错误数量（未能囊括参照期前后的犯罪行为）；这些考虑导致他们热衷于提倡一个 12 个月的参照期，使用补充限定的方法（对研究对象使用适当的时间点，如“从去年圣诞节以来你观看了成人电影吗”）来减少遗漏情形。尽管在特殊案件中会受特定目的的影响，这似乎是一个较好的普遍指南。

调查行为的规模

正如我们所了解的，一些研究者如肖特和奈（参见 Short and Nye），将某些项目和普通量表结合来表现少年犯罪种类。其他研究者也许认为少年犯罪是一个多方面的现象，而且我们的研究应该承认差异，更喜欢接受一个特殊类型的少年犯罪（参见 Dentler and Monroe，1961）。最近，许多研究者（如 Hindeland et al.，1981；Elliott et al.，1985）研发了特殊类型犯罪的量表。当然，也有使用综合的普通量表会掩盖特殊类型犯罪的重要例子。我们早已知道，一个量表如果同时包含严重的和轻微的犯罪行为的项目，就会导致轻微犯罪的高犯罪率，并掩盖严重的犯罪行为与社会其他因素的关系。但有时也需要对特殊犯罪类型进行分析，以便解析特殊犯罪的特点。例如，埃利奥特和休津加（参见 Elliott and Huizinga，1989：179）发现，他们的普通伤害量表总体上没有重大种族差异，但是不同犯罪类型有重大差异，因为它们在全部统计描述中在不同方面相互冲消了。

调查的样本

我们知道，早期的自我报告研究中的调查样本通常是来自乡下的或小镇的青少年。尽管我们对那些先驱的要求有点太苛刻，但必须指出，这些样本限制了其结论。调查样本应该尽可能地代表我们想要调查的人群。例如，如果我们希望发现英格兰和威尔士年轻人的犯罪分布，我们应该尽最大努力去选择那个人群的代表作为调查对象（参见 Bowling et al.，1994）。许多早期研究从学校挑选它们的调查对象（随之而来的问题是，出于各种原因，常常不在求学的人最可能是少年犯罪人）。更多的近期研究试图进行群体评估，作为评估结果，企图改变通过学校选取样本的方式，选为通过家庭选择调查对象，甚至他们倾向于不考虑把诸如学生、护士、无家可归者、被观察保护者及青少年犯罪人矫正所和监狱的犯人两类人纳入调查范围（参见 Bowling et al.，1994：46），这就意味着至少可能遗漏一些最严重的和习惯性的犯罪人，但保令等人（参见 Bowling et al.，1994：46）认为，后两类人群不到要调查人口的 0.25%，因此，说“这些人群会影响整个研究结果”是值得怀疑的。根据研究的目的，这种观点是站得住的，因为这两个群体成为少年犯罪人和严重犯罪人的概率较大，他们在整个调查群体中所占比例较小。我们可能轻率地设想标准的自我报告的调查样本能提供关于慢性犯罪人的充足的资料（参见 Cernkovich，1985）。显然，如果我们要检验关于混乱城市地区中的习惯性犯罪人的理论，那么我们所选择的样本应该是这样的。根据对早期研究的调查对象的归纳，发现早期的对象局限于年龄、地理位置等方面。

最后，还有关于调查对象的范围问题。人们普遍认为，研究应更多地关注严重犯罪，这意味着调查对象的范围应在更严重犯罪方面选择更广泛的范围，以获得关于这类犯罪的充分的数据，这样才能使分析更有价值，特别是在参照期相对较短的时候。

### “不回答”的问题

这个问题无疑涉及 the last。赫希（参见 Hirschi，1969）从 73.5% 的最初调查对象中发现，最大的损失来源是缺少父母的许可。有迹象表明，更多的少年犯罪人未必在最终的调查对象中。欣德朗等人（参见 Hindeland et al.，1981）发现，在调查对象群体中，与守法少年接触比与犯罪少年（这两个群体是警察或法庭定义的）接触更容易，这个比例并不固定，从 1.3% 的高社会经济地位的白人守法少年到 48.5% 的法庭认定的黑人少年犯罪人。但是，一个与其他多数研究不一致的调查结果显示，一旦被接触，警察认定的少年犯罪人是最可能同意参与研究的群体（参见 Hindeland et al.，1981：33 - 4），被确定的人中有 41.1% ~83.8% 的人同意参与。这说明消耗率是相当高的，而且是选择性的。荣格·塔斯（参见 Junger - Tas，1982：22）确定了一个回答率变化的范围，从与刑事司法系统没有接触的人群中有 60% 的人回答到有记录的警察接触人群中有 34% 的人回答，这说明回答率或多或少与刑事司法系统的接触程度有关；这项研究还表明，被调查者的年龄越大不回答的比率越高（参见 Junger - Tas，1982：21）。另外，瑞班德（参见 Reuband，1989：90）的研究表明，超过 18 岁的西德人的两个有代表性的调查对象群在专业调查组织进行的访谈中有 68% ~70% 的回答率。斯德哥尔摩进行的一项对男性的访谈研究表明，不回答的比率为 31%，而在有着较多已登记的犯罪行为的人群中比率会更高些（参见 Sarnecki，1989：122）。

我们的结论是，“不回答”不是随意的，但答案对某些关键群体的代表性不足，研究者必须采取尽可能的措施来减少这种情形，如继续访谈等。当完成这种尝试后，许多研究者也采取其他措施影响他们的调查对象，尽可能选择能够得出结论的人群，这涉及性别、种族和官方少年犯罪记录等关键变量（参见 Hirschi，1969；Hindeland et al.，1981）。正如奥波瑞恩（参见 O’ Brien，1985：72）所指出的，这并不能保证其他变量的代表性。当这种方法被采用于普通调查对象群体时，相对少年犯罪率高的群体而言好像存在更多的问题，尽管所报道的关于高少年犯罪群体令人满意的结果是在一个制度性环境内造成的（参见 Erickson and Empey，1963）。不仅如此，同样有迹象表明，与传统的青少年群体相比，在成人群体中，回答比率更成问题。

### 采取何种调查方式

我们早已详细地考虑过这个问题。我们的结论是，在时间和财力允许的情形下，秘密访谈似乎是更可取的方法。这种方法不仅允许研究者探究最初的回答和确定关于事件性质的重要细节（例如，如果已知，他们是否愿意被警方记录，他们行为的严重程度），而且这似乎能导致各种数据损失较小（如未完成的问卷）。

### 方法上的迷茫

当使用术语不一致时会引起困难，而且使用不同的方法进行比较也是冒险的。尽管许多作者讨论“少年犯罪的分布”，调查结果常常用犯罪的少年犯罪人来表示，通常是对“曾经的犯罪行为”或累计的犯罪行为或犯罪频率的测量，这是指报告曾经卷入一项或更多项少年犯罪项目研究对象的比例。出于各种原因，许多近期研究用“年犯罪率”来表示调查结果，这是指自我报告一年内一定人口中犯罪人口的比例。与之相比，普通犯罪率的测量方法对犯罪频率更敏感，跨越一个特殊时期衡量犯罪或行为的数量（如每人或每10万人）。在上下文中经常使用“发生率”这个术语，但是会产生混淆，因为这个术语借用于医学——流行病学，是指一年中感染了疾病而处于危险中的人口的比率。一些研究者使用了曾经多样性和去年多样性的方法，进一步地将这种描述复杂化（这期间参与的不同犯罪的范围）（参见Hindeland et al.，1981）。最后，必须承认自我报告的实质是我们可能称作个人犯罪的资料（它们是和特定个人相联系的犯罪，但其他人可能卷入相同的犯罪）。因此，严格地说，它们不是以警察记录的犯罪和被害人报告的犯罪的情形而统计的犯罪事件，因为其他人可能自我报告相同的事件。尽管这似乎是一种托词，但是把自我报告结果和其他形式的犯罪资料直接作比较是比较困难的（参见 Elliott and Huizinga，1989：180－81）。

在考虑一些观点和问题之后，许多问题的意义涉及自我报告研究的调查结果的信度和效度，我们目前重新采用这些概念作为我们评论的结论。尽管使用了其他测量方法，但对我们而言，最好的测量方法是检验——再检验程序，这是指对一组研究对象使用一种调查手段，稍后一些时间对同一组对象进行相同的调查，并将调查结果进行比较来看它们有多接近。它们的结果越相似，这些方法或结果被认为越可靠。过去，在1小时和2个月时间以内，可以得出满意的结果，尽管此后调查结果是适度的（参见 Huizinga and Elliott，1986：300）。但是，欣德朗等人（参见 Hindeland et al.，1981）发现，有一项警察记录的黑人男性比其他群体的信度较低。然而，休津加和埃利奥特（参见 Huizinga and Elliott，1986：303）没有发现关于被调查者的诸如性别、阶级和居住地点等方面特征的调查方法上的差异。取而代之的是那些稍后更可信赖地回忆起犯罪行为的人较少报告犯罪行为，而且正如所预期的，多数严重的行为是最可能被回忆起来的行为。但是，一个一致的回答未必是一个有效的回答，所以我们目前转向这个论题。

此时，问题之一是缺少任何一种被广泛接受的可选择的少年犯罪或犯罪的测量标准，通过这种标准，我们可以判断自我报告的有效性。多数检验都涉及官方数据的使用——所谓的它的不足导致了自我报告研究的发展，其他非官方原始资料还涉及朋友、老师、被害人陈述和直接观察（参见 Hindeland et al.，1981：98）。自我报告研究的验证研究通常有三种：一是“已知犯罪人群体”的研究，这种研究目的在于看自我报告是否能鉴别出证明官方统计的已知少年犯罪群体；二是自我报告与其他资料的相关性联合研究；三是自我报告与官方数据的比较研究，试图了解自我报告和官方少年犯罪符合的程度。休津加和埃利奥特（参见 Huizinga and Elliott，

1986）依次非常详细地阐述了每一种研究的依据，并根据第三种研究推论：“通过自我报告数据与官方记录比对表明，通常已知的大多数官方已知犯罪人会报告他们大部分的已知犯罪，包括他们的严重犯罪。但是，这些记录核对也表明了相当多的报告不实的情形，特别是在黑人中，而且通常更严重犯罪报告不足的比率更大（参见 Huizinga and Elliott，1986：323）。”

我们应当知道，针对官方记录的核对最多能告诉我们早已引起官方注意的自我报告的某个犯罪事实。有人认为，与没有被官方登记的那些遗漏的行为相比较，人们更倾向于报告这些行为。但是，黑人“报告不足”的理由并不为我们所知，所谓的“故意隐瞒”未必就是答案，而且这个调查结果在别处未必是这样。荷兰的一项研究发现，比起针对苏里南（Surinamese）和本土的荷兰男孩来，自我报告测量标准对土耳其和摩洛哥男孩明显不太有效（参见 Junger，1989）。也就是说，含意十分清楚，对某些群体和一些更严重的犯罪而言，自我报告研究并不一定适用。

## 结　论

自我报告研究对犯罪学发展的作用问题有着不同的意见。索恩伯里（参见 Thornbeery，1989：348）根据美国的情况认为，“自我报告方法的引进比任何其他单一的创新对犯罪学理论和研究的影响都大，而且它导致了在如何描述和解释少年犯罪行为方面的极其重要的转变”。但是，在英国，博顿利和皮斯（参见 Bottomley and Pease，1986：21）在 20 世纪 80 年代中期提出：“也许因为自我报告研究的难度和缺点，近年来我们越来越多地依赖和偏向于被害调查，尽管它们只在一定程度上能够覆盖全部的犯罪。”我们认为，适用背景和目的差异可以部分解释在这两个国家使用自我报告的差异。尽管在美国关注犯罪人的传统犯罪原因的研究还在继续，但是在英国，这种研究在某种程度上已有所衰落，转而关注情景犯罪预防、被害人学和“左派现实主义”了。这些研究更关注犯罪和犯罪的影响而不是犯罪人，它们提出的许多问题能够通过被害调查得到较好的解决，而不是依赖自我报告的研究。相比较而言，在被害调查中，犯罪人几乎是沉默的。

很少有人质疑自我报告研究在证明官方资料的遗漏方面发挥的作用，而且在揭示官方数据及其产生的机构中存在各种形式偏见方面发挥了很大的作用。犯罪行为在人群中的传播比曾经预测的要广泛得多，且“犯罪人”并不像我们想象的那样，是可以区分的有某种重要特征的少数群体。也许许多令人误解的印象是早期研究造成的，但是有迹象表明，最近的研究对诸如犯罪的严重性和频率的问题更一致。方法论的进步是很明显的，所以，如果研究者对自我报告研究的过去有所认识的话，可以更加相信他们的调查结果。自我报告方法在检验少年犯罪理论方面已显示了其权威性，并已经在这一领域作出了突出的贡献。这些方法显示了理论所解释的内容的重要性。自我报告的研究还对关于少年犯罪行为的社会相关性的争论作出了重要的贡献。而且，在估计普通人的某些年龄组中的少年犯罪的范围时，也取得了一些进步。

当然，我们可以提出整个犯罪学研究的不足，例如，将权威当局没有适时控制的人和行为视为犯罪是不适当的，或者由于各种实际的和方法论方面的困难，用这种方式是根本不可能衡量犯罪的，等等。我们了解了这些缺陷，但是却选择走向了另一种逻辑的极端，这种极端阻止了犯罪学的成长，这种犯罪学研究很少研究与犯罪有利害关系的人这一重要主题。各种形式的犯罪数据都有其不足之处，自我报告资料如果克服了方法论的问题，可以作为一种研究犯罪和犯罪人的资料使用。如果与其他资料联合使用，可以进行综合描述。不幸的是，我们许多关于这种方法的优缺点的了解主要来自美国的经验，而在英国没有得到充分的检验。但是，这种经验表明，这种方法已经产生了令人满意的结论，即青少年未必是严重的少年犯罪人。想从习惯性犯罪人、严重犯罪人（尽管在一个制度背景下可以从这些人处获得可接受的结果）和少数种族群体中得出充足的理想的资料似乎是个问题。至今，我们对普通成人调查对象还没有足够的经验，还不能完全确信关于这些群体的调查结果。

尽管保克斯（参见 Steven Box，1971；1981）在他著名的教科书中作了很多的论述，向我们介绍了关于自我报告及其含义，但到目前为止，我们还不是很了解这种研究的局限性。不仅整个领域受到少年犯罪研究（比成人犯罪严重——只是现在才开始纠正的一个偏见）的困扰，而且回避了关于犯罪定义的争议。他认为，采用犯罪的法律化定义由政治因素决定，因为法律是政治决定组合而成的。对他而言，一个更科学的方法是根据“目的”和可避免的损害、伤害和损失来定义犯罪。如果我们这么做，会发现最严重的犯罪存在于最有权势的公司的高层中（参见 Box，1981：85）。而且，自我报告研究忽视了公司和政府官员的违法行为。尽管自我报告研究未必远离这些主题，但是保克斯（Box）关于犯罪定义的观点需要进一步讨论，实际上，他的基本观点是，自我报告研究的实际范围一直是无形存在的整个犯罪及其相关活动，因此这种研究的目的在于弥补官方统计的缺陷是具有讽刺意义的。需补充说明的是，这种研究无益于我们对一些家庭暴力和虐待儿童类的秘密犯罪的了解。尽管自我研究发挥了一定作用，但如果我们想促进整体犯罪学的发展，无疑还需要其他形式的资料。

### *总　结*

自我报告研究的发展可以从 20 世纪 40 年代美国的最初研究，追溯到近期的国际比较研究。早期研究引起了相当大的兴趣，是因为它们似乎是官方资料的替代措施，并且得出关于诸如阶级和种族方面的调查结果，似乎对来自官方资料和传统理论的基本假定提出了怀疑。传统研究有很多的局限性，包括太关注轻微不良行为、太多关注青少年、调查对象的满意度较低、从严重的和习惯性犯罪人处获得有效资料比较困难，等等。但是，它的最大优点是，它在作为少年犯罪分布研究的官方资料的替代性措施方面发挥了相当大的作用。尽管如此，目前它在阐明严重的犯罪和成人犯罪方面是不太成功的，并且一直忽略了秘密犯罪的类型，而这些秘密犯罪如公司和政府犯罪、家庭暴力、性虐待和虐待儿童等也恰恰是官方统计所忽略的。

### *进一步阅读的文献*

这个领域的新观点很少。保克斯（参见 Box，1981）提出了一个他所领会内容的简明译本，作为这些研究和它们对犯罪学理论的意义的主要调查结果。尽管现在其内容过时了，但它的方法仍值得关注。欣德朗等人（参见 Hindeland et al.，1981）的著作仍然是一本重要的书，因为这本书概述了他们自己的和其他的研究的方法论及其他问题。奥波瑞恩（参见 O'Brien，1985）的书有一章对在美国进行的早期研究作了概述。最近，克莱恩（参见 Klein，1989）出版的论文集有许多有益的归因分析，其中有一整节关于纵向自我报告研究。特别是，它包含法林顿的一篇文章，该文总结了一些主要的调查结果，这些调查结果涉及来自剑桥少年犯罪人发展研究的自我报告的和官方记录的犯罪。此书也包含埃利奥特和休津加的一篇论文，关于在这个领域所采用的研究方法方面获得哪些经验以及如何改进。埃利奥特等人（参见 Elliott et al.，1985）的书可以被看做检验（少年犯罪和使用毒品）理论的这种研究的一个著名例证。最后，荣格·塔斯等人（参见 Junger - Tas et al.，1994）的书包含了国际自我报告少年犯罪研究的第一个研究结果，包括来自英国和威尔士的一份稿件

（参见 Bowling et al.，1994）。在我们的主要课本撰写并被强力推荐后，关于作为先前提及的文章基础的更为详细的研究数据公布了，它包括涉及参与犯罪和犯罪的频率、年龄和犯罪以及开始犯罪和停止犯罪的调查结果。这些调查结果的根据是以 14～25 岁的人为典型的研究对象的自我报告。

# 第四章

## 被害调查：完整的回忆

本章介绍了下列关键概念或专业术语，这些概念和术语在本书的词汇表中可以查到：犯罪统一报告、全国犯罪被害调查、指标犯罪、被害人学、全国调查、多次被害、区域调查、行政犯罪学、无被害人犯罪、抽样框、邮政地址文件、抽样误差、调查无应答、“支持者”样本、测量误差、非陌生人犯罪、回应误差、教育因素、目标加固及评估研究。

被害调查是通过样本调查进行的犯罪测量，其方式是询问选定的有代表性的样本人群的犯罪被害经历，即他们所遭遇的犯罪。利用这一方法的目的在于统计那些因没有报案或没有被警方记录而未进入官方统计的犯罪案件。借此，研究者希望能够在某种程度上得出犯罪暗数；同时，确定公众感受到的和刑事司法系统统计的犯罪数据。这种在美国发展起来的被害调查方法很快扩展到了欧洲。该方法虽然传到英国有点晚，但由于它能够解决犯罪统计问题而很快受到了学者和政策制定者的支持。虽然被害调查收集了宝贵的数据资料，但其本身并不是完美的，其自身也存在着暗数。因此，我们必须学会以同样谨慎和怀疑的态度去对待它，如同我们对待官方犯罪统计和自我报告研究那样。

在这一章，我们将会追踪被害调查的历史和发展轨迹，以及不同的调查方式可以满足的不同目标。在这一章，我们还会看到，随着这一研究方式的成熟，它们最初的意图也在逐步扩张和发展。在一定程度上达到了它们的最初目标后，它们被发现可以用于其他用途。我们将会分析与这一类型的研究相关的方法问题，以使我们可以判断这一方法的优点和缺点；同时，评估这些数据对于犯罪学理论和刑事政策发展的贡献。

## *被害调查的发展*

### 美国的热忱

20 世纪 60 年代中期，美国政府曾经宣战——这次是针对犯罪的战争。对于任何一场战争来说，彻底的侦查都是必要的。约翰逊总统的执法和司法管理委员会认识到了这一点，呼吁获取有效的新型犯罪数据——犯罪统一报告（UCR），以补充官方统计的不足。该委员会希望通过独立于官方统计的可比数据，揭示这个国家犯罪的真实范围和种类。在司法部的支持下，美国研究者开始设计首个被害调查以测量公众所知的犯罪而非警方记录的犯罪。人们认为，早期的初步研究揭示了这一研究方法的一些问题（见下文），但美国政府的急功近利，使得第一次全国犯罪调查在没有来得及彻底估量这些研究引起的方法问题之前就于 1972 年展开了。斯帕克斯（Richard Sparks）将这种急切形容为“在划了几艘漏水的小玩具船之后就开始驾驶战舰了”。

全国犯罪调查（NCS）一开始就是一项雄心勃勃的计划。它包括三个不同的部分：城市调查、商业调查和全国犯罪小组。全国犯罪小组的目的一直十分稳定，是 NCS 唯一保留下来的部分。它由全美范围内的代表性地区的样本组成，在这些地区中，所有12岁以上的居民都被定期访谈，讲述他们的犯罪被害经历。

NCS的目的是统计出实际发生的指标犯罪（8种最严重的、一直受到UCR定义和统计的犯罪）的数量，从而对UCR——警方记录的指标犯罪数量的统计——加以补充。NCS被设计为用与官方统计相同的方式来统计同一类犯罪。起初人们认为这是相对简单的事情。尽管研究者知道他们不可能掌握所有已经发生的指标犯罪，但他们仍然相信可以接近总量的某一近似值，并最终能够确定犯罪暗数的数量。然而，正如布拉克所指出的，UCR和NCS是对不同但又重叠的现象的测量，在尝试直接比较二者的数据时存在许多问题，这些问题稍后将在本章详述。

尽管早期的被害调查存在局限，但它们确实提供了关于未被统计的犯罪范围的有价值的最初指标——这些调查所记录的犯罪数量是官方统计的3～5倍。新的数据被政府和媒体热情接受。调查所得的犯罪率经常被认为是“真实的”犯罪率，它与UCR之间的差别也被加以强调（参见Hindelang，1976；Skogan，1976）。

研究者很快就认识到被害调查所能做的远不仅仅是统计犯罪。作为一种测量手段，除最初目标之外，它们还具有很大的潜力。这些调查可以在一定程度上确定未被统计的犯罪暗数的数量，同样也可以用来探究它的性质和特征，它还可以研究关于未被报告的有关犯罪的问题。例如，为何一些犯罪没有被报告给警察，以及报告行为是否会在不同群体、不同地理区域之间或因时间流逝而不同。犯罪调查使得类似问题首次受到关注。犯罪调查的首次运用，与某种兴趣——研究被害人及他们在犯罪过程中的角色——的复兴是同步的。关注被害人研究的人，认识到了直接从犯罪被害人那里获得资料的重要性。以前很少有翔实的、有价值的被害人资料，因为警方记录、UCR和自我报告研究主要关注的是犯罪人和犯罪。被害调查的发展提供了收集大量源自被害人的资料的机会，使我们能够从人口统计学角度研究被害人的分布情况。

英国的谨慎

被害调查被视为犯罪学研究的一个重大突破，它为许多长期悬而未决的问题提供了答案。初步研究的墨迹未干，被害调查就已经在欧洲、加拿大和澳大利亚展开。1972 年，在英国的全面家庭调查中，一个关于国内入室盗窃的环节被引入。同一年，达恩特等人（参见 Durant et al. , 1972）发表了他们在一个重大项目中的发现。该项目由内政部资助，调查一般公众对犯罪和刑事司法系统的态度和了解程度。尽管项目最初的目的是收集意见和资料，但它包括了一项重要的被害因素。回答者被要求回忆他们自己、他们的亲属或密友曾经经历过的任何犯罪事件。这里考虑的不是犯罪暗数的问题，而是为了发现人们会回忆起哪种被害以及哪种被害问题被认为是最令人困扰的。正如我们可能期望的那样，最容易被回忆起的事件就是最严重的或者最令人困扰的。尽管这一研究确实产生了一些有趣的结果，而这些结果在之后的方法提炼中也很有用，但调查的被害部分还是被其他问题所淹没（参见 Durant et al. , 1972：20 – 76）。例如，“你是否认为法官要戴假发?”或“在多数监舍里是否有抽水马桶? 如果没有，他们将如何解决?”一些我们所有人都想知道的问题！与这些吸引人的话题相比，被害资料很容易被忽视。

首个较大的英国调查是斯帕克斯等人（参见 Richard Sparks et al. , Sparks 1977）的研究——被害人调查。创始人所关注的是对被害调查的方法进行测试以确定这一技术的有效性。他们在伦敦三个存在人口学差异的区域展开研究，在每个区域选择了三个独立的样本——两个样本是已知的、从警方记录中抽取的被害人，而第三个是居民中的随机样本。已知的被害人样本被设计来测试人们如何能较好地回忆起被害和标注被害的日期；他们的随机样本被用来探究更广泛的关于定义的方法问题以及多次/连续被害问题。斯帕克斯等人感兴趣的还有对这类调查的更广泛应用和收集人们对犯罪和刑事司法系统的感觉、态度和经历的信息。稍后我们再来看他们所确认的方法上的问题。目前，只要注意他们的研究在英国犯罪调查发展过程中的重要性就足够了。为了矫正在所有地方都表现出的对这一研究方法的狂热，斯帕克斯等人（参见 Richard Sparks et al.，1977：220）发出了警告并质疑：它真的有用吗？他们提出了一个问题："通过直接向人们询问其被害的亲身经历，来获得发生在特定区域、特定时期的比较精确的违法行为总量与类型，这可能吗？"他们的结论是："总体来说，我们对这一问题的答案为'是'，但这一答案存在几个重要的限制。"

1981 年内政部决定资助"英国全国被害调查"，并在 1983 年（参见 Hough and mayhew，1983）发表了英国犯罪调查（BCS）的第一份报告。该调查使用的是英格兰和威尔士人口中的代表性样本。在之前的 12 个月内超过 10000 名受访者（年龄在 16 岁或以上）被问及他们的被害经历。样本中的一部分，包括所有报告过被害的人，还被询问了更多的关于生活方式、对犯罪的恐惧和对警察的态度方面的一般性问题。在这一部分，还包括自我报告环节，用来探究回答者本人的违法行为。迄今为止，BCS 已完成了 5 次全面调查（1982 年，1984 年，1988 年，1992 年和 1994 年），成为犯罪资料的可靠的替代性来源。在其存续期间，它曾经历过修正以及范围与焦点的扩展。例如，第四次全面调查包括关于滥用毒品的自我报告部分，而 1994 年的 BCS 把样本数量增加到了 14500 人。

这一调查和其他全国被害调查通过描绘犯罪事件，满足了应用犯罪学的需要，推动了预防和控制政策的发展。与这些成就相伴的，是那些新兴的激进现实主义学派的支持者们对这种大范围的研究方式的批评。批评者认为，上述研究者“不但在细节上缺乏，而且无法解决一个基本事实，即犯罪是地理因素和社会因素的集中”（参见 Jones et al.，1986：4）。他们对于特定次级群体如女性、少数民族群体和贫困的城内居民遭受被害的风险感兴趣。为了确定并强调犯罪对于这些群体影响的严重性以及对于犯罪的恐惧的合理性，区域犯罪调查得到了发展。在本章中我们会回到 BCS 和区域调查这两个话题。

对于那些热衷于国际比较的人来说，无论是全国性的还是区域性的被害调查，都没什么用处。由于在资料收集方法和犯罪事件的定义上存在太多的差异，以至于很难在不同国家间进行任何可靠的直接比较。为了获得国际范围内未被记录在案的犯罪的有效图景，需要有一种能收集每个国家类似资料的标准被害调查。为了满足这一需求，国际犯罪调查（参见 van Dijket al.，1990；van Dijk and Mayhew，1992）于 1989 年、1992 年实施了。这一雄心勃勃的项目包括一个在 17 个欧洲和非欧洲国家的标准被害调查，以及一个在其他 3 个国家的调查版本。尽管这一项目为我们提供了一些很有价值的、有趣的国际对比，但同时也引发了另外一些方法上的争议和问题。有必要记住的是，通过这样的国际调查产生的资料应该只被用于它们预期的目的——国际对比，而不能用于比较官方的犯罪率等诸如此类的用途。

正如我们所看到的那样，犯罪调查可以用来满足不同的兴趣并在理论和政策的构建中扮演不同的角色。在追寻它们的发展过程时，到目前为止，我们一直都在掩盖其所产生的方法上的问题，这些问题将会在下面涉及。

### *调查的困惑：方法论问题*

在与被害调查相关的方法问题中，有一些是所有类型的调查研究所共有的，而另一些是被害人研究所独有的。在讨论这些问题之前，我们首先要探讨这一方法的最基本的限制：被害调查只能用来测量具有明确被害人的犯罪事件。因此，它在评价“无被害人犯罪”（如毒品犯罪或自愿性行为）时就毫无价值了。斯帕克斯等人（参见 Richard Sparks et al.，1977：227）指出，被害调查只能用于测量那些已经被察觉和定义为犯罪的事件；它们不能测量社会中发生的所有不法行为的数量。因此，不仅需要存在被害人，而且这个人还必须认识到她/他已经被害。向回答者询问法人犯罪或环境犯罪几乎没有什么用处，因为他们很可能会低估被害的发生。被害调查最适合于保克斯（参见 Steven Box，1981：164）所说的“一般犯罪”，这些犯罪是最有可能进入官方统计的——盗窃、入室行窃以及其他诸如此类的犯罪。它们很难记录诸如强奸和家庭暴力等犯罪，尽管一些区域调查就是为了这一目的而设计的。因此，犯罪调查一般只擅长于测量某些类型的犯罪，对另一些就不太适用，并且完全不适用于某些犯罪。

### 应该问谁：关于样本和抽样框

犯罪终究是比较少见的事情（尽管你听到的可能会相反），因此为了获得足够的事件需要有大量的样本。达恩特等人（参见 Durant et al.，1972）发现，在他们的 1890 个回答者样本中，只有 45% 的人回忆起他们曾经被某种犯罪所侵害。即使有大量的样本，一些犯罪看起来还是很难捉摸。1982 年的 BCS 记录的抢劫犯罪如此之少，以致除了强调它的稀少以外，无法对这一犯罪进行任何统计学上的精确描述（参见 Hough and Mayhew，1983：17）。样本不仅要足够大以能够记录小概率事件，而且其居民具有代表性。BCS 是将英格兰和威尔士作为一个整体加以代表；而区域调查代表的则是狭窄得多的区域——如一个城市或一个居民区的居民。这种区域调查得出的结果，除了它们自身的居民外不能代表任何其他东西。尽管如此，人们仍然常常从这样的数据中推导出更广泛的结论。

样本框的选择对于任何调查的代表性来说都是至关重要的。在 1992 年之前，BCS 利用选民名册来产生样本，正如许多早期的区域调查所做的那样。众所周知，使用选民名册作为抽样框具有某些局限性，并且在居民中的某些具有特别被害经历的次级群体如少数民族和暂住人群中产生低回复率（参见 Sparks et al.，1977）。20 世纪 80 年代，随着人头税的引进和随后出现的名册的大量遗漏，使得这些问题恶化了——我们只能从“人头税名单”上推测被害概况了。一些区域调查通过列举行政区来产生住户样本（参见 Jones et al.，1986），而其他人（例如，Anderson et al.，1990）开始使用邮政地址文件（PAF）以避免选民名册可能产生的误差。PAF 的优点是持续不断地更新（不像选民名册是每年更新一次），并且遗漏也很少，但它也有缺陷。因为它既包括居民地址，也包括商业地址，并且与选民名册相比，有更高比例的无效和空白住址。然而，PAF 已成为被害调查的首选的抽样框，人们认为它可以产生更具代表性的样本。1992 年的 BCS 开始使用这一抽样框而放弃了选民名册。

对于所有调查研究来说，另一个共同的问题就是样本误差：源自样本的统计资料可以被用来对全部人口进行评估，但这些评估可能不同于对全部人口进行调查产生的结果。我们并不打算讨论样本误差的技术细节——有许多好的研究方法能够解决这一问题。区域调查之所以会有相对较高的样本误差，是因为它们是相对较小的样本数量。BCS 使用了大量样本，但依然有对于抢劫等“稀少的”犯罪存在较高样本误差的问题（参见 Mayhew et al.，1993）。

尽管区域调查的回复率相对较高——1994 年的 BCS 的回复率是可观的 77%（参见 Mayhew et al.，1994），并且大部分区域调查取得了一个相似的数字，但我们还是要考虑到那些没有回复的人。假如未回答者的特征对于样本而言是非典型的，那么对他们的排除就会彻底地影响调查的结果。梅休（参见 Mayhew et al.，1993）则争论说，未回答者中可能包含了在数量上占异常比例的被害人，但反过来也很可能是真实的——被害人加入被害调查的动机可能比非被害人更强烈。对于未回答者我们知之甚少（其原因显而易见），只能通过对已知被害人的记录进行对比研究而作出不太正式的推测。早期美国的初步研究将它们的主要样本与已知被害人合并，这一组产生了最低的回复率（参见 Skogan，1986：109）。斯帕克斯等人（参见 Richard Sparks et al.，1977）有着类似的经历；他们来自警方记录的两组样本的综合回复率只有 35.1%。未回复的主要原因被认为是回答者没有留下地址或者无法联系上；拒绝率看起来并不明显高于主要样本。由于斯帕克斯等人（Richard Sparks et al.）拥有未回答者的资料，他们能够对其特征得出某些结论。尽管没有展示一个明确的模式，他们分析后还是得出结论说："似乎暴力犯罪中的女性被害人比男性被害人更多地倾向于拒绝访谈。无论如何必须记住的是，大体上女性比男性有更大的拒绝的可能性。总的来说，盗窃犯罪的受害人拒绝访谈的可能性比入室盗窃或暴力犯罪的被害人要小，但反过来，访谈者也常常更难联系到他们。在那些已经从警方记录的地址搬走的回答者中，没有出现与任何一种犯罪类型有关的形式。"（参见 Sparks et al.，1977：30）

克劳福特（参见 Crawford，1990）发现，与乐于合作的回答者相比较，那些在第二次伊斯林顿犯罪调查中拒绝完成他们问卷的人，在最近遭遇过暴力犯罪的可能性更大。从已有的证据可以清楚地看到，"官方的"被害人是一个难以调查的群体。人们会发现，在未回答者中他们的数量占据了异常的比例。然而，我们不能假设未向警方报告的被害人表现出了类似该群体的行为模式。对于调查研究来说，回答率和它们引入的可能的误差依旧是一个难题，只能通过小心地选择样本以修正误差来部分地加以解决。

到目前为止，被害调查都只关注成人样本并在很大程度上排斥儿童的被害经历。然而，无论是 BCS 还是区域调查，都开始对这一问题感兴趣。1992 年的 BCS 引入了青少年中的“辅助样本”，而安德森等人（参见 Anderson et al.，1991）的一个著名的区域研究综合了自我报告和对爱丁堡 11 ~ 15 岁少年的被害研究。他们发现了令人惊讶的高被害率。哈特里斯（参见 Hartless et al.，1995）则在格拉斯哥继续了他们的工作，他们的结论认为，年轻人“更多地被犯罪侵害而不是去犯罪”，也就是说，他们更多时候是犯罪的被害人而不是犯罪人。

另一个群体则不是被遗漏，而是过于频繁地出现在被害调查样本中，即监狱、少年犯感化院、医院和安老院中的人们。这个群体很可能具有跟广大公众不同的被害经历。

### 被害人是否会想起并告诉我们：测量误差问题

回答者们是一个令人感到棘手的群体，他们并不总是按照研究者希望或预期的那样行事。事实上，如果没有他们，调查的可信度会大大提高！回答者提供的不准确的答案导致了几个方面的误差。这些因素跟调查内容的制定和结果的可信度与有效性有重大的关系（关于这些关系，见第 3 章或词汇表）。

#### 记忆退化和延伸

人们最初认为，回答者会很容易地回忆起他们曾遭遇的被害事件，因为犯罪在人的一生中是件很重大的事情。但研究者不久就发现，回答者倾向于忘记被害，即使它发生在相对较近的过去；并且，其记忆衰退的速度也高于研究者的预期。第一次的初步研究（在华盛顿特区的 3 个警区的研究）向回答者询问此前 15 ~ 18 个月（回忆期）发生的被害情形以及他们所曾经遭遇的“最严重的犯罪”。结果显示，在被回忆起来的被害事件中，发生在近期的要多于远期的。此外，被报告的“最严重的犯罪”中有60%发生在最近3年中，这一数字大大超过了我们的预计（参见 Hindelang，1976）。达恩特等人（参见 Durant et al.，1972）发现了同样的现象：在曾经遭受犯罪侵害的回答者中，22%的人说那发生在此前的12个月内。由于回答者回忆的准确性随着回忆期的延长而下降，因此需要确定一个最适宜的时期。

回忆期带给了研究者另一个问题：向前或向后延伸。这要归因于回答者无法准确地回忆起事件发生的时间；一些发生在回忆期之外的事件在时间轴上被提前（向前延伸），这导致了对被害的高估；类似的，事件也可以在时间轴上被延后（向后延伸），从而导致无法被记录在回忆期内。这一问题在早期就被确认，并且采取了不同的方法来将其影响降至最低。美国 NCS 设计小组已向研究者提供了使用第一次访谈来“限定”随后的六次访谈的机会。这一技术在很大程度上排除了延伸的问题——向前延伸可以被阻止和调整，而先前的访谈对于回答者来说如同参考点和记忆唤醒器，可以在某种程度上解决向后延伸的问题。然而，就像最好的主意一样，这个方法也产生了其他问题，并且在其他国家尚未被采用。仅仅为了国际关系起见，在这里我们不去探究其细节，而是简要地关注进行调查所需的高额费用和“居留者与迁移者”，也就是停留在样本地址的人和迁移的人之间不同的被害水平的问题（详见 Hindelang，1976；Skogan，1976；Block and Block，1984）。

斯帕克斯等人（参见 Richard Sparks et al.，1977：66）研究了延伸现象的一些细节。实际上，他们三组样本中有一组就是为了这一目的而设计的。通过记录对比核对的方式，他们得出结论说，大体上，时间上的误差彼此抵消了——也就是说，向前的延伸被记忆衰退和向后的延伸所平衡。他们最终选择了一个为期12个月的回忆期，认为它应该成为一个显著的期间牢牢地镌刻在回答者的头脑中。他们通过"要求对方把参考期间记在头脑中并利用它回忆起标志性日期"而达到这一目标。看起来，12 个月的回忆期在英国似乎是个标准期间，它被 BCS 和大部分区域调查所使用（严格地讲，BCS 使用的是 13 ~ 15 个月的回忆期——取决于实地调查从何时开始——但只有在 12 个月内发生的事件会被采用）。1992 年的 BCS 再次使用记录对比核对方法发现，对于不太严重的犯罪来说，更有可能发生记忆衰退或向后延伸，而最严重的被害事件最有可能会向前延伸；很明显，这会影响调查结果的正确性。"总之，记忆遗失所排除的事件看起来要多于'向前延伸'所包括的事件"（参见 Mayhew et al.，1993：6），即使如此，在结果中也很可能包括对于严重事件的高估。

掩盖与虚构

我们还需要考虑的是，回答者是否因记忆衰退或时间流逝以外的原因而未向调查访谈者报告某些事件，以及回答者是否报告了实际上未发生的事件。换句话说，我们能否相信回答者讲述了事实真相?

我们知道，测量误差会以低估的形式发生在特定的犯罪类型中，尤其是性侵犯和家庭暴力。那些被报告给警方最少的犯罪同时也是被害调查最难以记录的犯罪（参见 Walklate，1989）。1982 年和 1984 年的 BCS 都只有一项与强奸有关的报告（二者都被定义为试图进行强奸），而默西塞德犯罪调查没有发现任何一例针对妇女的性侵犯报告（参见 Kinsey，1984）。一些研究发现，家庭暴力更可能被报告给警方而不是报告给调查访谈。我们可以很容易地想象，当事件发生时，一位妇女可能有理由将犯罪报告给警方，但之后可能并不倾向于把这种私人的事情透露给调查研究者。许多区域调查部分地为了回应女权主义者的批评，已经尝试在他们的调查设计中解决对这些类型的犯罪的低估问题（例如，Jones et al.，

1986）。

女权主义研究者对区域调查的结果依然感到不满并尝试去发现被 Stanko（1988：40）称为“针对妇女的隐藏犯罪”的真实范围。那些被特别设计来发现性犯罪和家庭暴力的研究所展示的被害水平已经远超过一般研究所发现的。例如，Painter（1991：50）总结她的研究时说，“每 4 个妇女里就有一个曾被某个男人在某一时间强奸过”。但这样的研究需要加以谨慎对待，许多 Painter 所谓的“强奸”其实并不像法律所定义的那样。

由于回答者对于透露某些事情的可以理解的不情愿态度，我们几乎一无所知，也不可能评估相关的被低估的程度。但我们知道最有可能被这种测量误差影响的犯罪的类型——性侵犯和家庭暴力，这正如我们在上文所讨论的。此外，还有被害人认识犯罪人的犯罪，即所谓的“非陌生人犯罪”。回答者一般不情愿透露这类事情，他们还可能会有某种程度的罪恶感或可能不把这样的事情看做是犯罪（参见 Skogan，1986）。

我们对于回答者虚构被害的程度了解得很少，尽管这被 Levine（1976）看做是方法上的问题。大多数研究者工作的前提依旧是回答者是可靠的、值得信赖的，无须靠虚构事实得到什么。然而，非常有可能的是，一些回答者由于不想让访谈者失望，可能会回忆起发生在他们的朋友或邻居身上而不是他们个人自身的事件。由于“犯罪问题”在媒体的议题中如此频繁的出现，致使它根深蒂固地存在于一般公众头脑中，回答者可能会觉得“需要做些什么”并因此而虚构事实，希望能有所帮助。

调查回答者的诚实是一个难题。它的提出有助于提醒我们注意任何调查的结果实际上展示的是什么。它们并没有展示“真相”，而只是某些人在特定环境下对于某些问题的回答。稍后我们将回到这方面来。

是否与他们有关系：关于回答误差

假如我们正在讨论的测量误差是随机分布的，那么在很大程度上它们可以被忽略。不幸的是，事实并非如此。这要归因于回答误差。正如我们所看到的，测量误差以某些方式影响着某些犯罪，导致对这些事件的高估或低估。此外，还有另一个基于课堂的误差源并产生了“教育因素”。一个源自很多被害调查的令人惊讶的发现是，回答者的受教育水平跟报告的被害之间存在正相关关系，这在暴力犯罪中尤为明显。换句话说，你受教育的程度越高，就越有可能报告自己是犯罪的被害人。受教育程度越高的人实际上越可能成为被害人的说法与我们的直觉相违，而人们“在相信这样疯狂的难以置信的事与怀疑调查资料的有效性之间，如何选择，则是很明显的”（参见 Sparks，1981：34）。这类结果很可能会成为回答误差的证据。Richard Sparks 对于这一误差的解释集中在研究的实际运作和不同社会地位的回答者的反应与回答上面。在很多情况下，“成为调查的回答者”是中产阶级的游戏。它需要一定的流畅的口头表达和抽象的概念化能力，这二者都在某种程度上跟正式的教育相伴（假如不是其结果的话）。那些在教室里做了较多此类练习的人在课堂式的任务中表现较好也就不足为怪了（参见 Sparks，1981：32）。

BCS 发现它的结果显示了这一明显的但只是关于暴力犯罪的误差（参见 Hough，1986：120）。在同意 Sparks 的观点的同时，霍夫（参见 Hough，1986：121）强调了另一个跟“将什么事件定义为犯罪”有关的问题：“当对攻击、侵犯、威胁性行为等进行定义时，受教育程度高的人的头脑中可能对严重性有更低的门槛。”换句话说，被大学毕业者定义为侵犯的事情在那些 16 岁就离开学校的人看来可能只是恶作剧而已。我们只能用这些原因来解释对暴力的低估和由这种明显的回答误差的作用而导致的任何风险评估中的误差。

### 什么样的行为才是犯罪：犯罪的定义

正如我们所看到的，一种事件可以被不同的人通过不同方式加以定义，而将该种事件定义为犯罪的问题，给被害调查带来了它们自身独特的方法问题。在一些调查中，回答者自己将一个事件定义为犯罪并被接受；而在另一些调查中，回答者被询问特定的事件，然后由访谈者来定义它们是否是犯罪。

由于不同的调查使用了不同的定义、不同的方法来确定犯罪是否发生，在不同调查之间进行比较变得很困难。区域调查的资料就常常被用来与 BCS 的结果进行比较，尽管二者使用了不同的犯罪定义。由于没有建立在合作基础上的标准调查，定义的问题使得我们无法进行任何有意义的国际比较（参见 van Dijk and Mayhew，1992）。

调查并不一定要使用犯罪的法律定义。这意味着当事件被报告给警方后，它不一定会被记录（参见 Walklate，1989）。这给想把调查资料跟官方犯罪率进行比较的人带来了一些问题，但这并不总是调查的主要目标。无论在什么地方，都要小心地保证调查的定义跟官方对犯罪的定义相匹配。在将事件定义为犯罪之前，BCS 将法律标准应用于回答者的描述。它使用了“一种名义上的犯罪定义：通过法律的字面意思可以加以惩罚的那些事件”（参见 Mayhew et al.，1993：4；关注原始情况）。用这种方式定义的事件假如被报告给警方，仍有可能不被记录：“警方使用一种可操作的犯罪定义。”这就是说，对于记录犯罪，警方有他们自己的机构优先权和标准（见第 2 章），所以在资料之间总会存在某些不一致。

跟犯罪事件的定义和分类相关的更深一步的问题来自多次被害和连续被害。被害调查将犯罪视为不连续的事件。然而，对于某些被害个体来说，被害很可能是一个过程，是他们日常生活的一部分（参见 Genn，1988）。对于这类回答者来说，他们不会将他们的经历看做是调查访谈者所要求的那类不连续事件，因而无法回忆起任何事件。因此，最可能受影响的犯罪是那些已经遭受了不同形式的测量误差的犯罪，如性虐待和家庭暴力。

宥于篇幅，我们在讨论跟被害调查有关的方法问题时要做一定的选择。你将会发现，其他的作者可能着重于另外不同的问题（如问卷方法），而这些问题我们却关注较少。主要的一点是被害调查自身存在暗数。随着所探究的犯罪类型和回答者的不同，其可靠性和有效性也不同。它们“展现了某些犯罪的更清楚和更完整的情况……但没有给出全部的情况”（参见 Richard Sparks et al.，1977：227；关注原始情况）。这样的问题要求在对任何调查资料进行研究时要格外谨慎。我们不能只在表面价值上接受从这样的资料中得出的结果和结论，还必须关注它们在产生的过程中所用的方法。正如我们所强调的，资料是产品，任何通过调查产生的资料都应该被看做是对社会过程的客观测量；问卷是研究者根据一定的参考结构而构建的工具，他们的资料不是复制真实生活事件的“真相”（参见 Hindess，1973；Young and Matthews，1992）。

***调查资料的用途***

现在我们知道了被害调查在方法上的缺点和局限，那么我们可以对资料的用途进行评估并看一看根据这些调查而得的一些主要的结果。斯帕克斯等人（参见 Richard Sparks et al.，1977：223）在他们对 BCS 之前的被害调查资料的未来用途进行评估时，问到为什么要费心去测量犯罪，尤其是未被记录的犯罪。他们列出了应该这样做的一些理由以及来自被害调查的资料是如何被使用的：

1. 犯罪率被看做“社会晴雨表”，通过它我们可以（正确地或错误地）判断社会的一般状态或健康状况。被害调查资料会提供给我们一个更精确的对“真实”犯罪率的估计。

2．官方犯罪率能独立于犯罪总量的变化而变化，并且由于犯罪暗数的存在，这些数据可能会对公众报告习惯和警方的记录行为的微小变化都很敏感。被害调查可以被用来估计被报告的和未被报告的犯罪之间的差距的大小，并且随着时间的流逝而重复的调查会被用来评估在犯罪率上的任何“真实的”变化。

3．被害调查可以被用来调查公众的报告习惯和他们对犯罪与被害的感受之间的关系，从而评估报告和记录的变化与犯罪率的变化之间的相互关系。

4．调查可以被用于犯罪预防的评价。因为官方统计用于这一目的时，常常给人一个容易误解的印象：当一个地区成为一些犯罪预防手段的实施区域后，其结果常常是犯罪率的明显上升。这要归因于“对犯罪敏感的”居民的报告习惯的改变。然而，需要说明的是，当犯罪调查用于这一目的时会产生同样的影响：居民会更倾向于定义并向调查访谈者回忆起更多的犯罪事件。

5．被害调查通过关注迄今为止在很大程度上被忽视的被害人的情况而发挥重要的社会功能。

6．对于使用犯罪率作为决定性变量的犯罪理论来说，这些资料可以被用作替代性的和更精确的量度标准。对于那些对随时间流逝而发生的变化和趋势感兴趣的和寻找犯罪与失业之间因果关系的犯罪解释理论来说，这一替代性犯罪率的更高的准确性会特别有用（见第5章）。

7．能向对被害人研究感兴趣的人提供宝贵的资料。这些资料可以被用来回答许多跟犯罪被害人有关的问题。他们是谁？为什么是这些人而不是其他人？一些人是如何和为何成为长期或连续的被害人的？这些资料还可以被用来探究“犯罪被害的社会意义”（参见 Richard Sparks et al.，1977：231；关注原始情况），也就是不同群体定义犯罪的方式和他们自身的被害经历之间的关系。

8. 调查资料可以被用来研究人们对犯罪的社会反应：对于犯罪的态度和反应，以及犯罪对个体和社会造成的结果。与此相关的是对犯罪的恐惧和成为被害人的风险之间关系的评估。

斯帕克斯等人（Richard Sparks et al.）准确地预测到了这些资料现在正在发挥着最重要的作用。

英国犯罪调查

BCS 起初的目标是提供一种独立的、可以跟来自犯罪统计的官方犯罪数据相比较的犯罪测量。通过进行这样一项调查（一项很昂贵的事业），内政部希望可以证明，犯罪率的上升，部分是源于警方行为和公众报告习惯的改变，而大多数人遭受犯罪的风险仍然很小。第一次报告向我们展示了下列十分可靠的、一般人可以期待的统计：

1. 每 5 个世纪 1 次抢劫。
2. 每 1 个世纪 1 次的导致伤害的袭击。
3. 每 60 年家庭轿车被偷 1 次。
4. 每 40 年 1 次入室盗窃。

（参见 Hough and Mayhew，1983：15）

BCS 关注的是描述“一般的”人的“一般的”风险和大多数犯罪的次要的特性，反映的是一种可以跟犯罪统计的发现相比较的模式。霍夫和梅休（参见 Hough and Mayhew，1988）讨论了 BCS 对于政策制定者、学者和公众的影响。首先，他们指出，BCS 有力地证明了官方统计的不足——长期以来大家对这一点深信不疑，现在更充分地证明了这一点。与 BCS 相关的政策扩展到了犯罪预防、被害人援助和审判。政策制定者可以利用 BCS 把注意力吸引到某些问题上并对其进行阐述，为其提供一个政策资料根据。BCS 对犯罪学作出了理论上的贡献——在恐惧和犯罪风险以及情境观点的关系方面。它还为研究者进行间接分析提供了有价值的资料根据。

通过利用消息灵通的媒体传播它的研究结果，BCS 已间接地帮助公众重塑了对犯罪的感受。

BCS 被设计用来跟犯罪统计作比较。虽然如此，BCS 中只有 8 种犯罪被用来进行这样的比较；这些犯罪占调查测量的犯罪的大约 60%。利用对比的部分犯罪，1994 年的全面调查发现，在 1981 ~ 1993 年间，已记录的犯罪增加了 111%，而同一时期 BCS 提出的增长是 77%（参见 Mayhew et al.，1994）。然而，这一差异对于恶意破坏和暴力犯罪来说是特别的。在两组数据中，获取性的犯罪表现了相似的增长情况。已记录犯罪和 BCS 之间的分歧可以归因于对这两种犯罪的报告和记录的增加。假如我们看 1991 年 3 月的短期情况，我们可以看到相反的趋势；通过多数犯罪可以明显看到已记录犯罪增长了 7%，而 BCS 的部分犯罪增长了 18%。在这一时期，二者的事件报告和记录数量都增加了。专家认为报告率的下降可以归因于保险覆盖范围的变化，因为某一事件被报告给警方的原因之一是为了进行保险索赔。“所提到的财产盗窃和伤害事件被保险覆盖的范围减少了，1993 年是 37%，而 1991 年是 50%。投保的被害人的索赔也在下降，1991 年是 43%，而 1993 年是 37%。”（参见 Mayhew et al.，1994：4）

因此，BCS 可以被用来解释已记录犯罪率的增长和增长率方面的任何下降，还可以向我们提供对于报告率和记录率的变化的解释。调查产生了对于所调查年度中发生的犯罪总量的估计；1993 年，它估计发生在英格兰和威尔士的犯罪总数是 1800 万起（苏格兰的数据是单独的），但要记住，这只包括 BCS 能测量的那些犯罪。1800 万起犯罪中大约有 25% 能够进入犯罪统计（参见 Mayhew et al.，1994）。这样，我们可以对未记录犯罪的暗数作出大致的估量，但它具有一定的局限性。

BCS 为我们提供的并不只是对犯罪的统计。它所收集的数据覆盖了大量与犯罪相关的话题，其中一些在每次的全面调查中都加以收集以提供对比，而其他领域在具有话题相关性时也会被涉及。在已经发表的研究专著中使用 BCS 资料的是如此之多，以至于无法在这里一一列举。它们包括了对家庭暴力（参见 May，1990）、种族主义动机的犯罪（参见 Aye Maung and Mirrlees - Black，1994）、邻里守望制度（参见 Dowds and Mayhew，1994）、滥用毒品（参见 Mott and Mirrlees - Black，1993）和对不同犯罪的严重性的感受（参见 Pease，1988）等研究。具有特别兴趣的是对与犯罪风险相关的犯罪恐惧的研究（参见 Mirrlees - Black and Aye Maung，1994），其中，妇女和老人对犯罪有最大的恐惧；而根据 BCS 的数据，正是这些群体的被害风险最小。这种在恐惧和风险之间的不匹配是区域调查研究的问题之一，不久我们将会讨论到它。

尽管被害调查建立在犯罪基础之上，但 BCS 的确为我们提供了一些关于犯罪人的有价值的信息。这些数据对于暴力犯罪的犯罪人的性别和年龄判断很有价值。我们还得到了最有可能被报告并因此最有望被记录的犯罪的类型方面的信息。据此，我们能够看到已知犯罪人的轮廓是如何建立起来的，并且可以推测它可能跟全体犯罪人的轮廓有什么不同。例如，假如“男性犯罪”（如汽车盗窃）的报告率高于“女性犯罪”，这能够说明已知犯罪人的官方统计中明显的性别差异(更详细的讨论见第 5 章)。

BCS 为政策制定者和研究者提供了宝贵的、高质量的数据基础，并且在“犯罪问题”如此频繁地出现在公众和政治议题中的时候，它扮演了一个对政府而言很重要的政治角色。尽管调查对犯罪的统计总是高于官方数字，但这些数据可以被用来说明事情并不像看起来那么坏——至少在犯罪增长的速度上是如此。然而，数据并不忠心，它们会对资助它们的手反咬一口。1995 年，劳动党出版了一份使用了 BCS 资料的报告，以显示在保守派当权期间，成为入室盗窃或暴力犯罪的被害人的风险增加了3倍。这证明了前面所说的情况。“每个人都是被害人”的结论是通过不同于正常使用的方式而得出的（The Independent，1995年3月29日）。

当已记录的犯罪率上升时，政府热衷于强调BCS所显示的较低的增长率。当官方犯罪统计展示了犯罪率的减少时，那些认为这种减少仅仅只是假象的调查结果就不再受欢迎了，并且不再用它们的某一政治功能满足当权政党的需要。

区域调查

区域调查研究是小范围的（相对于全国调查来说），并且在地理上是集中的，常常关注特别易受攻击的群体。在最近10年里，大量的区域调查被实施。它们使得一些特殊问题因区域和被害人群体而被确定，使传统犯罪学转而关注和强调其他观点（如女权主义观点）。

与政府资助的BCS相比，区域调查被认为是政治独立的，但许多调查事实上是由具有政治目的的区域政府资助的，这些代理调查远非独立的调查。激进现实主义的发展部分地超出了劳动党拥有实用的（投票胜出的）法律和秩序平台的需要，并且它的政治性起源有时会使它和它的理论看法成为批评的靶子。一些人指向区域调查方法中的政治性行为并将其突出为这一方法的优点之一。但在它存在的地方，它可以被视为一种缺点。它所要求的是对犯罪和被害的公正的统计；政治委托会在调查的设计和数据的解读两方面产生影响（参见Walklate，1989：49－50）。但无论如何，区域被害调查的发展和完善对于犯罪学的贡献不应被忽视。激进现实主义者的调查是一种实践性的尝试，其目的是提供一种选择性的、比官方统计数据和其他调查技术所提供的对犯罪构建过程和感受更完全的定义。这样的初步措施，对于构建有助于解开社会现实谜底的一般法律来说，是至关重要的，并导致了对理论问题的证明（参见Maclean，1991：246）。

区域犯罪调查可以为我们提供全国调查无法提供的大量信息，让我们从一般和典型转向特殊和非典型。伊斯林顿犯罪调查聚焦于贫困的内城区域（当时伊斯林顿在英格兰最贫困区域中排第7位）。有点令人惊奇的是，研究者发现的被害水平比 BCS 发现的更高。它们不仅能揭示比全国水平更高的犯罪率，还能展现在伊斯林顿犯罪是如何在地理上集中的以及次级群体遭受多次被害的程度。报告和记录工作得到研究，并发现尽管这一地区具有比全国水平更高的报告率，警方的记录率却比平均水平低。这明显属于区域事务的领域，是无法被大范围的全国调查发现的（参见 Jones et al.，1986：83－5）。

跟全国的发现相比，伊斯林顿犯罪调查发现女性比男性有更高的遭遇犯罪的风险，并且“人们对于犯罪的态度很可能跟他们经历的犯罪有关，例外之处是在所有群体中年老的白人最不可能遭遇任何类型的犯罪”（参见 Jones et al.，1986：85）。在第二次伊斯林顿犯罪调查中，克劳福特等人（参见 Crawford et al.，1990）开始研究对犯罪的恐惧以及犯罪的范围与风险之间关系的问题。更特别的是，在对犯罪恐惧的任何分析中，都可以看到性别差异——女性远比男性更可能表达出“对犯罪的恐惧”。他们得出结论说，女性的较大的恐惧远非是因为缺乏理性（如全国调查所说的那样），而是直接跟女性的犯罪与被害经历相关。个体境况和过去的经历能够影响被害的效果，因此对犯罪的恐惧独立于个体遭遇犯罪的风险而存在（参见 Lea and Young，1993；Young，1988b）。

这只是区域调查的一个例子。其他著名的例子还包括爱丁堡犯罪调查（参见 Anderson et al.，1990）和默西塞德犯罪调查（参见 Kinsey，1984）。这些调查有共同的特殊优点和缺点，并且都能向我们提供尚未了解的信息。它们考虑到特定区域里影响特定社会群体的特定问题的细节，这些问题可能被全国数据所遗漏："这促进了资源的理性分配并为区域调查提供了确定的目标。"（参见 Crawford et al.，1990：5）

最近这些年来，区域调查被用来研究特殊的犯罪现象——如高犯罪区域的犯罪。一个著名的例子就是法林顿和唐恩斯（Farrington and Dowds）对于诺丁汉郡明显的高犯罪率的研究。他们的部分研究涉及对诺丁汉郡和其他两个对照的郡的被害调查，以弄清高犯罪率是否可以归因于居民不同的报告习惯。最后发现事实并非如此，研究者需要到别处去寻求解释。不幸的是，并不存在什么特别的原因；这个国家"奇特的"犯罪率实际上主要是由警方的记录行为这样一个很平常的原因引起的。

局部调查同样被越来越多地用于评估研究以探究犯罪预防措施的效果。改善街道照明是否会减少犯罪或对犯罪的恐惧？安装闭路电视是否能在威慑犯罪方面发挥作用？区域调查，无论是对照性的还是纵向的，都被用来为这类问题提供答案。这些评估研究常常采取类似实验性的研究方式：在采取犯罪预防措施（常常指的是"目标加固"之类）之前和之后进行"测量"，之后任何明显的不同都被归因于政策。从伯恩特（参见 Bennett，1988：252）对邻里守望制度进行评价的例子可以看到这一点。利用被害调查测量了犯罪率和对犯罪的态度的变化后，他发现，尽管犯罪率看起来没有下降，但"社区凝聚力"却得到了改善，对犯罪的恐惧也减少了。

大多数评估研究是慎重和严谨地进行的，但这些研究存在被滥用和过度简单化的危险。利用高度局部性的调查（有时候仅仅是对几条街道）来研究一个特定的变量的方法存在被滥用的可能性。一项精密的研究技术很容易就会变成另外的东西。问卷调查会被集中在一起，而学生们被（以极低的价格）雇用来穿过街道去访问毫无疑虑的住户。有价值的被害调查是昂贵的、有一定困难的，且需要一定的时间。对那些随时可以进行（或使用科研补助金）的调查，我们应该格外谨慎地对待。

## 结 论

最初认为，被害调查资料如自我报告资料，会部分地解决犯罪学家长久以来的困惑。人们期望这些新式的资料会减少未被报告的犯罪暗数，揭示它的真实数量和种类。这一过程有时会被描述为一系列的同心圆（参见 Block and Block，1984：149－50）。由于新的研究方法被应用于实践，所以犯罪暗数日益被揭示。然而，真实的情况远比这复杂。

官方犯罪统计是关于已记录的犯罪和已知犯罪人的；自我报告研究则建立在犯罪人基础上，提供关于已知的和未知的更广泛的犯罪人群体的信息；被害调查是以犯罪为基础的，向我们提供警方记录的、被报告给警方但未被其记录的以及未被报告的犯罪的信息。这三组数据不仅测量不同的东西，而且在测量时采取了三种完全不同的视角：警方、犯罪人和被害人。这当然是三个不可能一致的视角。

自我报告研究和被害调查所记录的许多犯罪正是最有可能进入官方统计的那些犯罪，而其他的则难以被任何一种资料收集方式所记录。自我报告研究和被害调查关注的是它们自己领域内的犯罪；自我报告研究善于统计具有“次要的”特性的犯罪人，而被害调查适用于收集关于“一般的”犯罪的资料。二者在收集关于权力犯罪和白领犯罪方面的作用都很有限；而它们哪一个都无法告诉我们关于杀人的任何信息——成功的杀人犯们（或者更准确地说，仍未被发现的那些人）不可能为了研究的利益而承认他们的罪行，并且他们的受害人也很难被包括在调查样本中。

被害调查资料跟官方记录的犯罪资料及自我报告研究产生的资料存在复杂、重叠的关系。在对这些资料加以利用之前必须先充分考虑这些关系。然而，这些调查所产生的资料已超出了它们最初的目的，在许多情况下，它们能够独立存在而不必跟其他形式的资料作比较。它们对于某些犯罪的沉默主要是因为犯罪人的特点——一旦明白了这一点，那么这种沉默就可以原谅了——因为它们向我们提供了犯罪学拼图的重要的碎片。

### 总　结

被害调查的历史已被勾勒出来——从它们在美国的诞生一直到在英国的继续发展。重点在于，由于这一研究方法的潜力被发现而导致的这些调查在功能上的转变。不同类型的调查被发展起来以适应不同的需要：英国犯罪调查（BCS）提供全国水平的资料，其中的一些可以跟犯罪统计中得到的资料相比较；而区域调查关注特定区域或居民中的次级群体，提供全国调查所遮蔽的那些方面的详细资料。方法问题得到讨论，以使这些调查产生的资料可以被充分重视和理解。为了保证调查结果的可靠性和有效性，要仔细考虑与这些资料的产生相关的过程及其含义。BCS 的用途——从其“统计”功能到其提供的公众对犯罪和刑事司法系统态度的资料，都得到了评价。1994 年的全面调查的结果被勾勒出来，并跟已记录犯罪的官方统计进行对比。区域调查和它们的资料的不同特性也受到评价。这些调查常常被激进现实主义者用来挑战来自犯罪调查和 BCS 的描述，如关于风险和对犯罪的恐惧之间的关系。这一章以对被害调查产生的资料和官方统计与自我报告产生的资料之间关系的讨论结束。

### 进一步阅读的文献

早期美国被害调查的细节可以从 Hindelang（1976）和 Skogan 那里找到。Block and Block（1984）以及 O'brien（1985）也从美国式的视角提供了对于调查资料的使用的见解。斯帕克斯等人（参见 Richard Sparks et al.，1977）对这一研究方法面临的方法问题进行了最简洁的总结。尽管他们的研究迄今已近20年，但依旧意义重大，因为他们所建议的许多方法至今仍在使用。在Sparks后来的一篇文章中，还有关于方法问题的有价值的讨论（1981）。实际研究本身也应受到关注。

BCS对每次的两年调查都制作了报告（例如，Hough and Mayhew，1983；Mayhewet al.，1993）。这些报告包括与方法运用相关的有用信息、调查的详细结果和对早期全面调查与官方统计的比较。涉及许多已进行的区域调查的文章和报告也很有价值（例如，Jones et al.，1986；Hartless et al.，1995）。由Maguire和Pointing（1988）编辑的教科书包括几个有用的章节，尤其是第16章（参见Mayhew and Hough，1988）关于BCS的影响的内容，第17章（参见Young，1988b）对于风险和对犯罪的恐惧的讨论。Walklate（1989）和Zedner（1994）都提供了对于被害人学和被害调查的很好的总结。

# 第五章

## 犯罪人的特征：普通的犯罪嫌疑人

这一章介绍下列主要概念和专业术语，这些概念和术语在本书的词汇表中可以查到：性别、种族、阶级、犯罪高峰年龄、年龄—犯罪曲线、男女性别比、黑人、亚洲人、白人、街头抢劫和下层阶级。

本章的目的在于提供下列建议：哪些犯罪资料对我们了解诸如年龄、性别、种族和阶级等犯罪人的特征有帮助。在本章中我们主要是关注犯罪人，而没有把被害人纳入进来，尽管我们也知道被害人同样值得我们关注。然而，我们认为，来源于各种渠道的关于犯罪人的资料，更有可能被误解。

官方确定的社会亚群体（年轻人，男性，黑人和下层社会阶级）中的犯罪人口的比例和公众印象的比例是不相称的。关于犯罪人的犯罪暗数到底是什么样的规模？如果透过表面现象，我们是否能够发现一个妇女机构的成员——一位中年的中产阶级白人妇女用偷来的水果制造果酱？我们将依次调查每一个我们选择的变量——年龄，性别，种族和阶级，来确定犯罪人是否有区别于官方统计资料所描述的犯罪人的特征。

### 年龄：年轻与犯罪

在犯罪学研究中，少数达成一致的事实之一是犯罪的年龄分布（参见 Hirschi and Gottfredson，1983：552）。传统上，人们把年青人描述成民间魔鬼，事实上似乎每一代的青少年都引起一阵新的道德恐慌（参见 Cohen，1973；pearson，1983）。概览一下犯罪学研究和理论，就足以使任何人相信年龄—犯罪关系的重要性，因为我们可以原谅整个犯罪学事业是研究年轻人活动之上的这么一种想法。之所以产生这种建立年龄—犯罪关系上的对年轻人的认识，是不是官方统计资料歪曲犯罪人的结果呢？关于犯罪人的暗数是不是已经不存在了呢？

#### 官方确定的犯罪人

1993 年的犯罪统计（参见 Home Office，1994 a）显示，犯罪率为每 100000 人中有 1150 名可起诉罪的犯罪人；已知犯罪人的高峰年龄是 18 岁的男性（每 100000 人中有 8702 名）和 15 岁的女性（每 100000 人中有 1995 名）；在这个年龄段之后，犯罪比率稳定地下降，但是女性犯罪人的变化不是很明显。这就产生了一个急剧上升到高峰年龄然后逐渐下降的特别的年龄—犯罪曲线（当然，严格地说，我们指的是年龄—犯罪人曲线）。这意味着犯罪主要是一个年轻人的游戏，多数人在青春期参与犯罪，而在当成熟后才会放弃。犯罪人指数反映了这种描述。例如，指数表明，“1953 年出生的男性人口中被称作犯罪活跃者（指在被讨论的年龄被宣告犯有某项罪行的某人）的比例在 19 岁时迅速增长到 11% 的最高峰。这个比例在 19 岁之后逐渐缩小，到 34 岁时只有 4%”（HOSB 14/95：7）。

犯罪人指数所显示的稍微年长的高峰年龄被解释为这种方法仅计算了标准的列于表上的定罪而不包括警告（参见第 2

章）。由于任何一年的犯罪人数据都记录了每个较年轻的犯罪人有更多的犯罪现象，有人认为，年轻人和犯罪之间的相互关系可能部分是由于个体在不同年龄犯罪频率的差异，这似乎给年轻人的精力和狂热以一个似乎合理的借口。然而，通过对自我报告资料的分析，法林顿（参见 Farrington，1994：516）推断，“个别的犯罪人在他们的犯罪生涯中一直以稳定的频率实施犯罪行为”。

### 年轻的犯罪人

我们能推定官方的统计倾向于过分表现年轻的犯罪人而较少表现较年长的犯罪人。各种机构（如家庭和学校）对年轻人的控制和监督增加了调查年轻人的风险。年轻的犯罪人倾向于群体犯罪，不像年长的犯罪人时常独自作案。研究显示，群体犯罪人比单个犯罪人更容易被逮捕（参见 Hirschi and Gottredson，1983）。年轻人较少有权使用和控制私人住所，所以他们的罪行更可能当众发生，这又加大了被发现的机会（参见 Pearson，1994）。有证据表明，商店盗窃的被害人的报告习惯是有差别的，这种证据有利于年龄较大的犯罪人（参见 Farrington and Burrows，1993）。没有确定犯罪人的特殊犯罪很少被报告。所有这些问题，使得官方统计存在某种程度偏见的假设合理化，这种官方统计有过分强调年轻人的罪行之嫌。

### 成年犯罪人和成年犯罪

或许更相关的一个因素是成年人所犯的“非故意的、不被强调的”罪行（参见 Pearson，1994：1193）。家庭暴力和性虐待之类秘密犯罪不是那种会与年轻人联系在一起的犯罪。年轻人没有沉溺于逃税或社会保障利益诈骗的优势，这二者都是“犯罪”却没有进入犯罪统计。白领犯罪的范围甚至不能根据可利用的数据估计，但是我们能大胆猜测白领犯罪的高峰年龄不在十多岁。斯蒂芬斯迈尔和艾伦（1995：109）指出，白领犯罪人显然是当他们到达他们的传统事业的顶峰的时候，达到他们的最高犯罪水平。那时能见到许多犯罪暗数的最不易了解部分牵涉较年长的犯罪人的犯罪行为。

我们了解年龄犯罪曲线在不同犯罪种类之间有所变化（参见 Wilson and Herrnstein，1985；Farrington，1986，1989；Tarling，1993），并且，那些普通犯罪最容易被官方统计纳入统计。这可能引起对不成比例的年轻的已知犯罪人的令人误解的描述。然而，戈特弗里德森和赫希否认年龄犯罪曲线中在犯罪行为、时间、人口统计小组和地点间的任何差异。通过使用多种官方和自我报告资料，他们企图说服我们：随着年龄的增长，所有的人实施的犯罪都会减少（参见 Hirschi and Gottfredson，1983；Gottfredson and Hirschi，1990）。甚至在监狱中，当“特别是最重要的事物”相对不变时，犯人所实施的犯罪年龄效果非常像在自由社会中的年龄效果（参见 Hirschi and Gottfredson，1983：562）。依照这些学者的观点，年龄是“主要的变量”。

### 自我报告的犯罪人

自我报告研究传统上关注年轻人的行为，而且高于官方统计所提出的一般标准（参见第 3 章）。当我们需要将他们的行为与成年人的行为作比较时，大多数的年轻人总是搞恶作剧，并不出力帮助我们。剑桥少年犯罪人发展研究项目创造了使我们能够调查和比较不同年龄犯罪的模式。法林顿（参见 Farrington，1989）的研究表明了在特定的年龄犯特定罪过的同龄群的比例。这一研究揭示了一个并非料想不到的事实。某些犯罪数量随着年龄的增长引人注目地下降。例如，当被调查者 15 ~ 18 岁时有 15.2% 的人实施车辆窃盗，但当他们 26 ~ 32 岁时只有 5.5% 的人实施这类犯罪行为。与之相反，其他的犯罪数量并不下降，且有些随着年龄的增长而增加，如“利用工作之便盗窃”。英国犯罪调查的自我报告内容给我们提供了关于较年长的被调查者的有价值的资料（参见 Mayhew and Elliot，1990）。这一研究结果与剑桥的研究结果是一致的。英国犯罪调查分析也揭示了酒后驾车（参见 Riley，1985）和吸毒（参见 Mott and Mirrlees－Black，1993）会随着年龄增长犯罪数量减少。总之，自我报告资料表明，当犯罪高峰年龄相对的年轻时，年龄犯罪曲线的形状是由犯罪类型而定的，用这种方式测量的犯罪人曲线或许比起官方统计的犯罪人曲线来比较平坦。

成长

与平均 30 岁的有较长的持续犯罪生涯的犯罪人相比，大多数的青少年犯罪人之前有一相对较短的犯罪生涯（参见 Farrington，1994）。换句话说，多数青少年犯罪人并不继续成为成年犯罪人。这给犯罪学带来了一个新的需解决的难题，正如戈特弗里德森和赫希（1990：131）所指出的，“当犯罪团体产生之时，它的规模就开始逐步减小”。

理论不仅必须能解释较大比例年轻人的犯罪行为的起因，而且也必须能遏制犯罪。遏制犯罪成为理性选择理论一个特别喜爱的主题，它似乎包括诸如当犯罪人犯罪的时候使其受到遏制的一系列因素（参见 Clarke and Cornish，1985；Cusson and Pinsonneauit，1986）。

皮尔森（参见 Pearson，1994：1195）认为，我们只是没有证据来充满信心地说明“年轻人”和“犯罪行为”间实际上存在的关系。到此为止，年龄是犯罪学中唯一没有争议的问题。在我们看来，年龄作为一个可预测的变量，可以被放心地应用到某些“普通”犯罪——那些最容易被官方统计、自我报告研究和被害调查测量的犯罪行为。虽然犯罪学理论和政策的重点是这些“普通”犯罪，但是关注年轻人也不错。如果我们将精力转向那些有最多的犯罪暗数的犯罪，那么年龄作为一个变量与其相关性就不大了。

### 性别：男性犯罪率更高

通过犯罪统计和追溯历史，可确知女性犯罪相对较少，由此性别之间存在着“犯罪数量的差距”，这就给我们提供了一个主流犯罪学的持久的可预测因素（参见 Maguire，1994：275）。官方统计学表明，与男性相比，女性容易犯一些相对范围较小的、特定类型的罪行，而犯罪种类之间较大的差异影响了全部的对犯罪的描述。在数量上男性犯罪人较多，男性和女性犯罪的一般模式不同不仅仅是英国和威尔士特有的特征，而是在世界范围内都可以观察到的（参见 Harvey et L.，1992）。我们已经很清楚波拉克（参见 Pollak's，1961）的建议：犯罪暗数更可能存在于女性中（参见第 1 章）。在探究这个问题时，我们不必考虑女性的伪装能力和她们较少有官方确定的犯罪行为之间的关系，因为我们有更可靠的自我报告研究和被害调查的测量手段作为补充。

#### 官方确定的犯罪人及其犯罪行为

犯罪统计提供的已知犯罪人的资料使我们能计算出男性与女性犯罪人的比率：在 1993 年可起诉罪比率大约是4.5:1，也就是说，每 4.5 个男性被发现有罪或被警告就有犯可起诉罪的 1 位女性犯罪人（参见 Home Office，1994 a）。简易审决罪的比率是 2.4:1，这个比例相当小，但是仍然表现了值得关注的差异。如果我们调查犯罪人的总数，我们会发现，女性只占被发现有罪或被警告触犯所有犯罪类型的人的 24%。虽然男性与女性犯罪的全部比率本身是重要的和令人感兴趣的，但抛开这种总比率而进行不同犯罪类型男女犯罪比率的对比，则有益于观察犯罪比率的变化（见表 5.1 和表 5.2）。

**表 5.1 被发现有罪的或被警告犯可起诉罪的男性和女性犯罪人的比率：英国和威尔士，1993 年。**

| | |
|---|---|
| 人身暴力犯罪 | 5.7:1 |
| 性犯罪 | 75.0:1 |
| 夜盗 | 23.1:1 |
| 抢劫 | 13.5:1 |
| 盗窃和窝赃 | 2.8:1 |
| 诈骗和伪造(签名) | 2.8:1 |
| 损害财物 | 9.4:1 |
| 毒品犯罪 | 9.4:1 |
| 违章驾车 | 20.6:1 |

来源：改编自内政部（1994 a：表 5.11）

**表 5.2 被发现有非违章驾车简易审决罪的男性和女性犯罪人的比率：英国和威尔士，1993 年。**

| | |
|---|---|
| 刑事损害 >2000 英镑 | 16.5:1 |
| 触犯 1986 年公共社会治安法的犯罪 | 17.0:1 |
| 卖淫 | 0.01:1 |
| 酗酒 | 16.5:1 |
| 普通伤害 | 7.0:1 |
| 袭警 | 5.5:1 |
| 违反电视分级 | 0.5:1 |
| 盗车 | 33.0:1 |
| 其他 | 9.5:1 |

来源：改编自内政部（1994 a：附表，第 1 册，表 S1.1）

### 可起诉罪

我们注意到一些犯罪行为只有男性才会实施。在犯罪类型方面，最显著的差异是性犯罪的发生，这很大程度上可解释为这些犯罪主要被定义为男性犯罪。其他主要由男性实施的犯罪种类包括夜盗和机动车犯罪。如果调查犯特定种类罪行的男性与女性犯罪人的比例，这些种类的犯罪是女性最有可能被发现有罪或被警告有罪的犯罪类型，与占46%的男性犯罪人相比，75%的女性犯罪人犯了这些种类的罪行。

简易审决罪

一项对简易审决罪的调查解释了下列犯罪行为的比率较低：卖淫和违反电视分级两类犯罪的女性犯罪人数目超过了男性，从而降低了比率。卖淫主要是一项专由女性实施的犯罪；由于女主人经常在家而容易成为违反电视分级的人（参见 Hedderman，1995）。如果我们忽略这两项特别的、80%由女性所实施的简易审决犯罪人的犯罪种类的话，那么男性与女性的犯罪比率会增加到15:1。

自我报告确定的犯罪人

早期自我报告研究表明（参见第3章），女性的犯罪行为被低估了。但是，进一步的研究表明，自我报告资料和官方统计资料之间存在一定的歧义仅仅是一种设想。当考虑性别差异时，影响这些研究的问题是被测量的大多数犯罪行为的轻微的特征，有人主张即使那些被定义为“严重的”犯罪行为在一般公众的心目中并不一定是所谓的特别卑鄙的行为（参见 Hindelang et L.，1981：145）。一旦考虑这个情形和关于犯罪率的问题，则提出了广泛应用于官方统计的不同性别的犯罪分类。最近的自我报告的研究在性别与犯罪行为的关系方面又提出了哪些问题呢？

保令（参见 Bowling et L.，1994）发现一个男性与女性犯罪为1.25:1的比率——适用于14岁和15岁的年轻人，他们承认在早先的12个月犯过罪。这个比率比在官方资料中发现的小很多，但是因为自我报告研究调查的人口（关于年龄）有限，它不具有直接可比性。他们还发现，这个比率随着犯罪的严重性而逐步增长。例如，“用一个武器击伤他人”——这个最严重的犯罪行为的比率是4∶1（参见 Bowling et L.，1994）。因而，这项研究反映了在官方资料中被发现的显著的趋势——女性比男性总体上卷入较少的犯罪，这对更严重的犯罪而言特别明显。另外一个例子来自哈特里斯和其同事（参见 Hartless et L.，1995）的研究。他发现承认犯下列犯罪类型的男性与官方统计不一致：街道上斗殴、恶意破坏汽车、袭击某人和从车内盗窃。来自内政部的自我报告的资料说明了一个常见的模式：男性更有可能承认犯了表格中的任何一种犯罪行为，且男性与女性的比率随着犯罪的严重性而增长（参见 Mayhew and Elliot，1990）。内政部提供了一些有限的来自于犯罪人的关于暴力犯罪的资料。从1992年内政部的资料可以推断，“不管是否直接针对男性或女性，多数暴力犯罪是男性所实施的。然而，针对女性的1/5的暴力犯罪是由其他女性所为的，6%是男性和女性共同作案的……但是女性犯罪人相对造成的伤害较轻”（参见 Mayhew et L，1993：xii）。这和我们的其他调查结果非常一致。

### 报告的犯罪行为

根据被害调查，关于公众举报行为的资料有益于这个话题的讨论。我们知道，一名被害人之所以决定举报一个事件，是因为其觉察到犯罪行为的严重性（参见第4章）。如果承认女性往往犯不太严重的犯罪行为，那么就会出现大部分女性参与的犯罪类型可能存在举报不足的可能性。被害人——犯罪人的关系对举报行为也很有意义。比起所谓的“陌生人”犯罪行为而言，犯罪人和被害人认识的犯罪行为举报的可能性较小。这就能够解释像家庭暴力这种主要由“男性实施的犯罪行为”官方统计为何会出现不足的情况（参见 Walklate，

1989）。当这些类型犯罪（被害人认识犯罪人）被举报和记录，犯罪人当然被识别，虽然并不必然被警告或者发现有罪。然而，其他主要由“男性实施的犯罪行为”，如汽车窃盗，报案的比率就比较高（因为保险公司的要求），但被破案的比率不一定必然高。

侠义精神

法林顿和布若（参见 Farrington and Burrows，1993）对商店盗窃的被害人——零售商进行了调查，得出了一些有趣的结果。零售商所说的商店扒手与警察所记录的扒手有一定差异，这个差异表明，基于一些可以理解的理由，似乎有一些有利于女性的倾向（参见 Farrington and Burrows，1993：63）。商店盗窃罪属于“盗窃和窝赃”类犯罪，这类犯罪在官方统计中是男女比例最小的犯罪之一。法林顿和布若的调查结果显示这个比例事实上更小。同样令人产生兴趣的是，他们注意到被研究的零售商有不举报年老的或怀孕的商店扒手的行为。正如我们所知道的，年老女性的数目超过年老男性而男性并不怀孕。这使一些人相信波拉克的断言：在这种情况下，被害人和警察对待女性犯罪人比较宽松。然而，就这个观点尚未达成一致意见。莫里斯（参见 Morris，1987：81）认为，“因为女性是弱者，警察给予女性更多的优待”。确实，女性比男性更可能接受警告，但是这不应该成为其被优待的理由。她们的高警告比率被解释为女性往往犯的罪行不太严重且有更少的前科。

总之，犯罪数据的替代性来源似乎确认了官方关于男性和女性犯罪类型的描述。没有证据显示女性犯罪报案率低是造成犯罪暗数的原因，相反，许多主要由“男性实施的犯罪行为”（如家庭暴力、性犯罪等）可能报告不足。当权者犯罪在官方统计中同样描绘不足，且很可能是由男性所犯（参见 Box，1983）。官方统计显示的女性比男性更倾向于实施轻微的罪行的观点为自我报告研究所证实。被害调查显示，由于这些犯罪行为的举报不足造成了对女性犯罪人统计的不足，但是这些因素并没有破坏官方统计展现的广泛前景。

### *种族：犯罪歧视*

在已知犯罪人口中，至少在某些犯罪种类上，黑人似乎被不成比例地统计进去（参见 Fitzgerald，1993 a）。我们可以用两种基本的情形解释这个情况：黑人比其他群体更多参与犯罪或黑人更可能被计入犯罪统计且不太可能逃避刑事司法系统的追究。也有人认为这两种情形是兼备的：黑人参与犯罪行为较多且刑事司法系统是有歧视性的。这两个因素互相作用且“在一个相互扩大的恶性循环中使彼此恶化”（参见 Reiner，1993：3）。为了确定种族与犯罪关系的结论，我们将对犯罪统计中关于种族与犯罪关系的问题进行重点研究。

#### 监狱中的犯罪人

关于监狱人口的统计给我们提供了一个研究种族和犯罪关系的出发点，同时也给我们提出了一个有趣但非典型的犯罪人的样本。内政部出版了详述犯罪人的种族起源的资料。这些资料显示黑人犯罪人在监狱人口中占不相称的数额。在 1993 年，9.7% 的监狱人口为黑人，而黑人在全国人口的比例估计只有 1.3%（这个数字不包括外国国民；HOSB 21/94）。其他种族的犯罪人（如亚洲人或华人）则被发现相称地等于或者少于根据他们在人口中的数额所预期的数额。

就刑事司法系统而言，监狱象征着“底线”，而且极少犯罪人达到这个程度。只有少数犯罪人被识别而且被控告。被判刑的人中大约有 1/6 被判决监禁（HOSB 19/1994）。那么监禁统计只能告知我们被监禁的/在狱中的一个非典型的群体，我们不能够必然从他们的特征进行推断，并归纳出犯罪人口的种族特征。

被逮捕的犯罪人

我们不知道成为官方统计的那些犯罪人（那些被警告或者被发现有罪且被纳入犯罪统计）的种族特征，但我们有首都警察局（MPD）提供的关于逮捕的一些数据。这些数据依照肤色给逮捕率分类，显示黑人在所有逮捕的人当中占较大比例和街头抢劫个人财产的大多数人是黑人（HOSB 17/89）。

这可能是更多地告诉我们在伦敦的嫌疑犯人口构成，而不是有关黑人的犯罪参与性。举例来说，根据监视的政策和实践，阻止、搜查和逮捕使黑人更有可能被警方处理（参见McConville et L，1991）。但是，我们也不能从这些数据就得出黑人更容易犯罪的结论，这仅仅表明黑人更可能被犯罪化。

已知的犯罪人样本

通过对刑事司法系统所选择的样本的研究，研究者发现了很多少数种族群体犯罪人的犯罪道路，研究发现黑人比其他群体更有可能：

1. 被警察阻止（参见 Willis，1983；Norris et L，1992）；

2. 被逮捕（参见 Smith and Gray，1985；Walker et L，1990）；

3. 被移送审判而不是被警告（参见 Landau and Nathan，1983；Commission for Racial Equality，1992）；

4. 被监禁押候（参见 Shailice and Gordon，1990；Hood，1992）；

5. 被刑事法院审理（参见 Jefferson and Walker，1990；Brown and Hullin，1992）；

6. 被给予一个较严厉的判决（参见 Hudson，1989；Hood，1992）。

这种结果可能被当做刑事司法系统里存在种族歧视的一个象征。但是，这些类型研究的数据解释非常复杂。为了要隔离种族可能对个体矫治产生的影响，所有其他的相关变量一定要保持不变，如犯罪的倾向性、犯罪的严重性、职业地位和社会地位等。多数研究者尝试做这项工作，但这是一件困难的工作，如伍德（参见 Roger Hood，1992）关于种族和量刑的研究。费兹杰罗（参见 Fitzgerald，1993a：5）研究认为，在考虑所有相关因素后，“一些持续的不清楚的种族差异仍然存在”，这也就是种族歧视。然而，赖纳（参见 Reiner，1993：4）认为，由于在识别和控制所有的其他相关变量的困难，我们最后阻止不了歧视。

### 年轻、贫穷的工人阶级

黑人的人口统计学特征不同于白人的（使用人口普查数据的一个摘要，参见内政部，1994b）。如果黑人在较低的社会经济群体中被不成比例地描绘，而且有年轻的年龄特征（这两个因素都和卷入犯罪有关），那么，我们不应该对他们有比较高的犯罪率感到惊讶。一些研究已经显示，一旦考虑了这种“额外的”变量，种族出身不再成为有助于官方犯罪的一个重要因素（参见 Ouston，1984），也就是说，年轻的无权势的黑人和他们的白人参照对象一样不可能是犯罪人。然而，其他的研究已经发现，在控制年龄和阶级因素之后，犯罪率方面的差异仍很明显（参见 Walker，1989），年轻的无权势的黑人比年轻的无权势的白人更可能成为犯罪人。李和扬（参见 Lea and Young，1993）主张，黑人有其他的不利条件——少数种族群体的成员——使他们的经济社会的不平等经历不同于他们的白人参照对象，导致他们较多地参与犯罪。

### 亚洲人的犯罪率

巴基斯坦人和孟加拉国人有与黑人类似的人口统计学特征，而且研究显示，他们已经遭受了很多的歧视，然而研究和官方的数据始终如一地显示他们有较低的犯罪率（参见

Mawby et al.，1979）。亚洲人相对于黑人而言，由于缺乏犯罪性，因此对其犯罪问题有较少的争议，而且公认其统计显示是“真实的”。没有人提出亚洲人的犯罪暗数问题。亚洲人的传统观念不同于黑人，这种传统有阻止犯罪行为发生的效果（参见 Jefferson，1993：37）。在20世纪90年代早期，杰弗逊曾暗示：事物将要发生改变。在他的论文发表后的2年。有人预言，一个亚洲人是一个定时炸弹（The Independent，1995年7月22日），而且年轻的孟加拉国人和巴基斯坦人将制造新的道德恐慌。这一预言部分地是以这两个群体的年轻特征和犯罪高峰年龄为基础的（参见 HOSB 21/94；内政部，1994b）。只有通过研究不同种类的亚洲人，才能成功地发现亚洲人从低犯罪率群体到犯罪高发群体的原因。在进行这样的研究之前，人们把新的犯罪高潮归结为亚洲人中的种族成分较复杂的印度人实施犯罪的结果（参见 Fitzgerald，1995）。

### 自我报告的犯罪人

正如我们在第3章所了解的，一些早期的美国自我报告研究提出黑人与白人有相同的犯罪率，但是黑人更有可能成为官方统计中的犯罪人。稍后的研究突出了少数种族群体之间的差异，提出自我报告资料对黑人犯罪人不太有效，低估了他们的犯罪行为。这个问题至今没有解决，而且在问题的范围或目标方面没有达成一致（参见 Junger，1989；Bowling，1990）。许多早期自我报告研究也忽略了犯罪的严重性和犯罪率，一旦考虑了这些因素，就会出现对种族和犯罪的不同描述，这种描述更符合官方资料（参见 Elliott and Ageton，1980）。多数英国研究选择忽略种族这个变量，或者在种族和犯罪成为问题前采取别的措施（例如，剑桥少年犯罪人发展研究所调查的同龄群没有来自少数种族群体的成员）。最近，在涉及英国和威尔士的一个关于少年犯罪人的国际自我报告研究的一节中发现了一个例外（参见 Bowling et al.，1994：

56）。他们发现，黑人被调查者和其他群体一样，不可能报告犯罪行为，且更不可能报告特定的罪过。然而，非白人被调查者的回答率较低，使得“样本有利于低犯罪的少数种族群体”成为了可能。他们的研究结果和官方资料之间的差异可能被更进一步解释为犯罪的严重性和犯罪率问题，在他们的研究中都忽略了这两个因素。作者不认为答案的正确性差异会成为问题，声称：“目前在英国没有证据暗示少数种族被调查者比白人被调查者的答案正确性差。”他们的结果是相当不确定的，部分是因为这个研究的目的在于国家间比较而不是关于种族的特定议题。总之，来自英国的自我报告研究的可利用的数据很少告诉我们少数种族群体的实际犯罪行为。

### 被害人和报告

被害人调查呈现了因种族动机事件和具备种族内特征的很多犯罪所导致的种族差异的被害现象（参见 Jone et al.，1986；Bowling，1993；Mayhew et al.，1993；Aye Maung and Mirrlees－Black，1994）。还有证据显示，犯罪事件的报道在某种程度上受感觉到的犯罪人的肤色影响。沙哈和皮斯（参见 Shah and Pease，1992：198）使用英国调查（BCS）的资料描述了在种族划分、犯罪的严重性和报告行为之间的复杂关系，推断“在利用刑罚系统可能产生犯罪人方面的第一个阶段是有差别的”，也就是说，当犯罪人是黑人的时候，被害人更可能报告一个事件。英国调查（BCS）详述了某些犯罪人的特征，但是它没有明确地陈述举报涉及黑人犯罪人的事件的比例。

### 资料不足是一件危险的事情吗

涉及种族的犯罪资料通常是不足的，这关系到所有黑人犯罪问题的敏感性。一些人针对官方统计显示的种族歧视的倾向争论说：通过关注黑人的不同犯罪率，真正收集有关种族的资料，种族歧视的激情会更旺盛，且黑人犯罪人的印象会得到加强（参见 Gilroy，1982；Gutzmore，1983；Carr－hill and Drew，1988）。但是，没有适当的证据是不可能识别和提出刑事司法系统（和社会）内的种族歧视是如何实施的。官方统计资料是难以解释的，这部分是因为统计资料的有效性是较差的。

不幸的是，通常最没有意义的资料（如 MPD 的逮捕数字）通过大量的媒体报道吸引了公众的注意，并且成为了许多误解和争议的起因。一个很好的例证就是持械抢劫和种族之间的联系。这一例证可以追溯到 20 世纪 70 年代，当时，MPD 第一次发布数据，暗示那是黑人犯罪（参见 Hall et al.，1978；Lea and Young，1993）。正如警察矫正局局长在 1995 年 7 月提出这个议题所发现的那样，20 年后争论依然存在。新闻的反应从谴责保罗先生是一名种族主义者到推论所有的持械抢劫犯都是黑人。对这种数据的曲解的可能性是无限的，特别是当它们被重新编写供大众阅读时。

在刑事司法系统内将会出现收集更多的有关种族资料的动向。例如，警方不得不记录所有遭受阻止、搜查程序人的肤色/种族外貌。这些信息，就其自身而言，很少体现警察对犯罪行为的歧视或模式。从不同角度和不同机构以不同的方式收集的资料妨碍了而不是有助于解释。刑事司法系统的偏见给我们提供了关于种族和犯罪的有限的描述。因此，当我们建议，犯罪统计应该将犯罪人按种族分类，这种动向将是给我们提供可以进行比较的和发展其他形式的资料的更坚实的基础，然后更好地全面审视。

其实，我们只能得出某些结论。官方的描述暗示黑人的确比白人更多地卷入某些犯罪，而其他少数种族群体似乎犯罪率更低。有些证据证明存在于刑事司法体系内和公众的报告习惯中的种族歧视。虽然这些证据是非决定性的，我们不应该对存在种族歧视感到惊讶，因为它只是存在于社会中的更广泛歧视的一个反映。

我们不能够确定地说黑人比其他群体更可能较多地卷入犯罪，但除了种族特征之外，他们的社会经济地位和年轻的年龄特征，使我们有理由认为他们更可能卷入犯罪。

### *阶级：最后的理由*

社会阶级和犯罪之间似乎紧密连接，而且“构成了大部分的最主要的犯罪社会学理论的基础”（参见 Rutter and Giller，1983：132）。这确实存在，所以我们期望找到证明这一关系的经验主义的有力证据。虽然没有通常的关于犯罪人的阶级收集成的官方资料，但是我们必须依赖官方统计的数据来研究这一现象。这些研究所得出的数据，确切地显示了社会阶级和已知的犯罪行为之间的关系。但当我们调查其他形式的犯罪资料时，这个问题又变得不太清晰。确实，一些证据暗示我们应该进一步探究犯罪的原因。

#### 监狱中的犯罪人

内政部委托进行了一项关于成人监狱人口的调查，这项调查基于他们监禁前最后的职业，以社会阶级为标准将犯人分类。调查发现，18%的犯人来自登记的一般社会第一、第二和第三阶级的非体力职业者（而在一般人中这些阶级占45%），41%的犯人来自第三阶级的体力职业者（在一般人中占37%），41%的犯人来自社会第四和第五阶级（在一般人中占19%）（Walmsley et al.，1992）。从这些数据可以很清楚地看出，较低的社会阶层在监狱人口中表现得不相称。一项关于成年男性犯人的早期调查显示了类似的情况，矛特（Mott，1985）发现，75%的犯人监禁前最后的职业是体力工作。

罪犯的样本

米勒（参见 Miller et al.，1974；Wadsworth，1979；Ouston，1984）等发现，社会阶级和已知犯罪行为之间有着强烈的负相关关系：那些来自较低社会阶层的人比来自较高的社会阶级的人更有可能成为罪犯。哈瑞斯和韦布（参见 Harris and webb，1987）发现，样本中有不到 8% 的被处以监督令的男孩的父母是白领。哈高和纽伯恩（参见 Hagell and Newburn，1994）通过对持久型少年犯罪人的研究发现，只有 8% 的男性家长从事的是非体力职业。在一项对法庭被告人的研究中发现，只有 5% 的被告人（包括被指控违章驾车的犯罪人）来自第一和第二阶级（参见 Bottoms and McClean，1976）。

生态学研究

克兰德和卡特（参见 Clelland and Carter，1980）主张通过生态学或区域研究（通常使用官方资料）来研究阶级和犯罪之间的关系。这些研究一直显示犯罪人在地理上集中于特殊地区，通常是经济和社会被剥夺最严重的地区：英国的市中心区和市郊（outer council estates）（参见 Foster and Hope，1993）。但是，生活在被剥夺区域的犯罪人未必地位低，这表明也许这些资料诱使我们接受一个生态学谬误。因此，我们不能从综合的地区资料中自动得出关于犯罪人的阶级的结论。在这种情况下，克兰德和卡特建议常识会让我们抵制生态学谬论观念的出现，“如果作为阶级——犯罪关系根据的生态学资料是伪造的，这只能归因于尤其有着高犯罪率的‘中产阶级’人生活在‘下层阶级’地区或者有着低犯罪率的‘下层阶级’人居住在‘中产阶级’地区。没有研究支持这些不合理的解释”（参见 Clelland and Carter，1980：330）。

### 对犯罪人的阶级偏见

已有的各种研究表明，在解释已知犯罪人人口时存在阶级偏见。研究发现，失业者（我们将在后面讨论确定阶级的方式，目前我们将职业状况作为阶级地位的一个大致的标志）更可能被警察阻止（参见 Smith，1983），被阻止并搜查（参见 Crow and Simon，1984）和受到监禁刑（参见 Crow and Simon，1987；Crow et al.，1989）。但是，一些差异可归因于行为、犯罪的严重性和犯罪行为的频率。警察对少年犯罪人的处遇已经显示受可觉察的犯罪人的阶级影响。贝内特（参见 Bennett，1979）发现，当因同一种类犯罪被捕时，中产阶级的少年犯罪人比工人阶级的少年犯罪人更可能受到警告处分。兰多和内森（参见 Landau and Nathan，1983）发现，警察更乐意起诉所谓的“自我照料”儿童。这些研究表明，在刑事司法系统内存在着阶级歧视，导致更多的下层社会阶级成员进入刑事司法系统。我们早已讨论了识别和隔离歧视问题，但是，我们可以推论，“很可能在决定是否起诉时，社会地位有时会起影响作用，甚至是在是否举报某个犯罪时也受影响。在城市某一部分的‘年轻人’可能会因‘粗暴而喧闹的行为’接受一个口头警告，而其他地区的‘年轻人’会因类似的被解释为‘骚乱’的行为被起诉或者受到正式警告”（参见 Ashworth，1992：183）。

### 犯罪偏见和机会

某些犯罪不仅更容易引起刑事司法系统的关注，而且更可能牵涉下层社会阶级的犯罪人。例如，欺骗社会保障部的人比欺骗税务局的人更可能被起诉（参见 Cook，1989）。白领犯罪相比于“普通”犯罪不太会被纳入官方统计（参见 Croall，1992）。在犯这两种罪的机会方面也有着非常明显的阶级差别。其他的罪没有这种阶级差别，如非法使用毒品就一直不存在阶级差别（参见 South，1994：400）。但是，一方面，下层社会阶级的人更可能在高危险领域购买毒品，甚至为了吸毒筹措资金而进行犯罪。另一方面，控制毒品交易的最上层的犯罪人不仅是白领，而且是高级白领（参见 Hobbs，1994：459）。

自我报告的犯罪人

当自我报告研究似乎不能发现社会阶级与自我报告的犯罪行为之间的联系时，引起了社会的轰动（参见第 3 章）。保克斯和福特（参见 Box and Ford，1971）断定，可得到的证据不能支持阶级——犯罪联系。蒂特尔和维勒迈兹（参见 Tittle and Villemez，1977：495）在一份成人自我报告研究中声称，他们的调查结果显示，“社会阶级与犯罪行为几乎不相关”。蒂特尔等人（参见 Tittle et al.，1978）进一步分析了 35 份探究阶级与犯罪联系的自我报告研究，他们得出这种联系是一个荒诞的说法的结论：这种暗示破坏了传说的阶级/犯罪行为联系（这种联系推动了社会学领域的如此多的理论活动）。这样，根据阶级差别的假定而发展起来的众多理论似乎前提就是错误的（参见 Tittle et al.，1978：654）。

这对那些长期为以阶级为基础的犯罪学理论而努力的人来说是相当突然的一个打击，但是帮助也随即而来。欣德朗等人（参见 Hindelang et al.，1979：995）宣称，自我报告和官方资料之间的差异是由于对自我报告研究的曲解和对不同来源的资料的不正确比较造成的一个幻想。他们声称，自我报告和官方资料并没有“选择同样的行为领域”，因此不应该进行比较。克兰德和卡特（参见 Clelland and Carter，1980）对揭穿阶级——犯罪联系的蒂特尔等人提出了广泛的批评。他们主要的批评围绕着在自我报告研究中使用的阶级和犯罪的定义和测量方法。他们指出，阶级包括文化和经济财力两个方面。很多研究没有认识到这一点，而满足于将下层阶级定义为经济最差的社会阶层——穷人——非常难以发现和调查的一部分人口。许多将职业作为划分阶级根据的研究在分析中排除了失业者，而其他研究则任意地将社会阶级种类或者职业结合。他们认为，自我报告研究中涉及的许多项目太微不足道，以致不能被当做犯罪，并引证了“在禁止践踏的草地上散步”的例子。他们很尖刻地指出，“犯罪学家投入了过度的大量精力调查犯罪，我们没有犯轻微犯罪与阶级联系的理论，我们也没有注意到发现这种联系很重要”（参见 Clelland and Carter，1980：332）。

桑伯瑞和法恩沃斯（参见 Thornberry and Farnworth，1982）所定义的犯罪与官方统计中的犯罪概念相匹配，并使用社会阶级划分他们的成人被调查对象（而不是像许多着眼于少年的研究那样使用家庭的阶级），发现他们的研究结果和官方的资料间没有太大差异。他们甚至推论，“地位和犯罪行为之间的联系是很强的” （参见 Thornberry and Farnworth，1982：516）。

法恩沃斯等人（参见 Farnworth et al.，1994）谴责了这种不适当的估量阶级和少年犯的方法，因为自我报告资料缺乏阶级——犯罪联系。他们使用下层阶级的概念，将持久失业而且/或者依靠福利生活的情形认定为下层阶级，而不是根据职业地位衡量阶级，并且认为“街头犯罪”的性质并非是微不足道的。他们推论，在下层阶级地位和街头犯罪间“可以发现最坚固的和最一致的阶级——犯罪之间的联系”（参见 Farnworth et al.，1994：32）。

可以看出，在自我报告资料中发现的阶级和犯罪的联系的证明力取决于研究者所使用的特殊定义。在争论之后，现在一般认为，阶级和犯罪行为之间是有联系的——“已知的”和“实际的”，而且后者间的联系可被自我报告研究证明。

许多调查研究始于首先锁定社会阶级，或者将他们的主题与社会阶级匹配。其他的研究则有目的地仅将研究对象确定为下层社会阶级，否则从主要的下层阶级区域挑选研究对象。“这反映了学者普遍相信社会经济地位的重要性，但当然这也经常阻止了检验这种信念的正确性”（参见 Farrington，1994：546）。剑桥少年犯罪人发展研究从一个典型的工人阶级居住区域（这个区域并不繁荣，但不是特别贫穷……从他们的父亲的职业来判断，93.7%的研究对象的父亲属于工人阶级）挑选它的研究对象（参见 West，1982：7－8）。这些研究只能告诉我们工人阶级的犯罪人和犯罪行为，对我们目前的研究而言价值不大。

### 阶级内部的犯罪

根据被害调查我们可以了解哪些人的被害风险较高。英国犯罪调查（BCS）和各种地方调查证明了对生活在最贫穷的住宅群、收入低的阶层人来说，夜盗的风险明显高（参见 Jones，1986；Mayhew et al.，1993）。我们由此可以推断，下层阶级犯罪人掠夺下层阶级被害人，除非我们情愿相信中产阶级夜盗犯游历到贫穷区域，希望找到值得偷的东西。这是不太可能的，因为关于普通夜盗犯的阶级问题的争论是很少的。

### 家庭内部的犯罪

从某些我们称为“家庭内部”犯罪的被害人获得的资料可以推断出犯罪人的阶级，且（在很多情况下）被害人的阶级和犯罪人的阶级是一致的。利瓦伊（参见 Levi，1994）引证了澳大利亚和美国关于杀人案中的被害人研究。这些研究指出，下层阶级被害人数字不成比例，而且大多数被害人是被近亲属杀死的，而且资料表明，虐待儿童案的发生率在特别贫困群体中高达62%。利瓦伊（参见 Levi，1994：307）认为：“让人难以置信的是，这些差别是医生和验尸官的明确的偏见的结果。”但是，医生和验尸官会受父母的态度及行为的影响，会受到刻板的“良好父母”印象的影响，这似乎是合理的。史密斯（参见 Smith，1989b）认为，家庭暴力犯罪的发生率是没有阶级差别的，但对 BCS 1988 年和 1992 年普查的分析表明，这种犯罪在“社会经济被剥夺”的家庭中发生率更高（参见 Mirrlees – Black，1995：4）。同样，皮恩特（参见 Painter，1991）也发现，作为家庭暴力的被害人，工人阶级的妇女可能是高阶级层次妇女的两倍。我们知道，家庭暴力可能会存在相当大的犯罪暗数，这使得很难得出任何最终的结论，但全国和地方调查都有证据显示，下层社会阶级更可能成为这种犯罪的作案人和被害人。

阶级的界定

迄今为止，我们一直在很绅士地使用“阶级”这个术语，轻松地从使用一个定义转向使用另一个定义。这样的行为不允许再继续，而且这个问题必须被提出来讨论：用“阶级”这个词汇的目的是什么？英国的研究最通常使用的分类仍然是登记的公众职业，即根据职业地位划分阶级。但是，这在划分涉及那些从未工作过的失业者和家庭结构发生变化的人时就会出现问题。这种分类并不总是符合每个人或者家庭的社会经济地位情况。研究还应当使用与阶级地位相关的其他变量。法林顿（参见 Farrington，1994：547）列举了在犯罪学研究中通常使用的表明阶级地位的下列因素：

1. 收入；
2. 住宅；
3. 过度拥挤；
4. 财产；
5. 对福利的依赖；
6. 家庭规模。

研究者对社会阶级的界定不同就会获得不同的结果，研究间的比较没什么意义。关键在于，在讨论阶级—犯罪关系之前，我们应该清楚我们在谈论什么和在谈论谁。

已知犯罪人的阶级分布是否反映了犯罪人的特征？自我报告研究已经很大程度上放弃了“阶级—犯罪联系是一个荒诞的说法”的说法，进一步证明官方统计资料显示的结果，二者间确实存在着联系。被害调查数据进一步确认了这一官方统计的结果，这使我们发现了一些犯罪的阶级特征和被害风险的阶级差异。但是，所有的阶级与犯罪问题是与不同的犯罪类型和不同的犯罪机会密切相关的。也许，通过询问为什么某些犯罪是“无权势的人”所为，而其他犯罪是“有权势的人”所为，这将有益于理解布雷思韦特（Braithwaite）的更精确的犯罪途径的提议。这样一种途径，加上刑事司法系统对这两种犯罪和犯罪人关注与评价的程度不同，我们就更方便看到阶级与犯罪之间的关系了。

### *普通犯罪和普通犯罪人*

我们知道，已知犯罪人中下层阶级的年轻男性占主要比例。种族是一个比较难确定的变量。只有一少部分已知犯罪人是黑人，但是这个比例比我们知道的黑人占总人数比例要高。这个虽小但是不成比例的黑人已知犯罪人数同样可能是年轻的、来自下层阶级的男性。

研究表明，被害人往往与犯罪人属于同一个种族和阶级（参见 Jone et al.，1986；Mayhewet al.，1993）。最近的研究第一次强调了被害人中的年轻人范围（参见 Hartless et al.，1995）。关于男性和女性的不同被害率有些争议，许多调查（包括 BCS）显示，男性的被害风险最大（参见 Mirrlees - Black and Aye Maung，1994）。其他的研究（参见 Crawford et al.，1990）则认为，这些调查结果没有充分考虑隐藏的家庭暴力和婚内强奸案件，妇女容易遭受这些犯罪的侵害，但这些资料是难以收集的。通常，犯罪人侵犯他们的同类或者熟人。

也许官方统计不那么糟。就犯罪人的特征而言，它们的有效性可以用其他的统计资料来证明。许多自我报告研究抽样的特别群体最可能是已知犯罪人（年轻的下层阶级男性），而且地方被害调查通常关注有着官方统计中高犯罪率的地区（市中心和郊区——可能有较大比例的已知犯罪人的区域）。很少有人怀疑这些研究反映了官方统计的结果。可利用的数据已经表示了它们所能证明的内容，但那不能表明这些问题已解决。一些人认为，这些令人惊讶的调查结果可能是人为的（参见 Sparks，1981：44）。现在，"令人惊讶的调查结果"应被用来促使我们需作进一步的研究，经验主义证据有时很脆弱甚至是想当然。但是，我们不应该因为这些声音而谴责这些数据。这些数据从社会、学术和政治意义评估犯罪问题——小额财产和不太严重的个人犯罪由有叛意的青年所为。"普通犯罪"是由"普通犯罪人"所为的。

然而，正如保克斯（参见 Steven Box，1983）所指出的，这仅仅是犯罪问题的一个方面，犯罪的另一个方面，如法人和白领犯罪，就呈现非常不同的犯罪人特征，"很少有人知道犯罪的强度或者它们有多严重，因为他们的注意力被吸引到高度宣扬的已决犯和被监禁犯的社会特征上。这并不是针对控制和调节法人及政府犯罪的准司法组织（如英国的工厂监督员或者美国的联邦毒品管理局）的记录、文件和临时出版物"（参见 Box，1983：13）。

20 世纪 70 年代，一些激进的犯罪学家将注意力转向有权势的人犯罪（参见 Carson and Martin，1974），而其他人则忙于解构官方资料所描绘的犯罪人的特征。左派现实主义和主流行政犯罪学将注意力始终集中与犯罪和犯罪人的传统定义。他们争论说，我们最关注的夜盗、抢劫和类似的犯罪被害人很多是与犯罪人同一阶级的，尤其是工人阶级的。但这只是我们所听到的犯罪问题之一，而另外一些犯罪人在"穿着套装、扎着领带，悠闲地喝着马提尼酒看日出"（参见 Dylan，

1988：532)。如果我们知道有多少人由于他们雇主的疏忽被杀（或被谋杀），或者通过创造性的记账方法（盗窃）造成多少财政损失，我们就不会担忧那些酒馆争吵和汽车被偷去“驾车兜风”。左派现实主义犯罪学争论说我们不会如此。也许他们是对的，但是这会使我们重新定义“犯罪问题”和犯罪人口的性质和范围。

如果我们想要发现犯罪人的“真实的”犯罪暗数，我们就不仅仅只调查贫穷的街区和工人阶级的男孩。正如保克斯（参见 Box，1983）所建议的，我们需要寻找我们传统上不认为是“犯罪数据”的另外的资料。就普通犯罪而言，犯罪暗数的特征通过已知犯罪人已经表现了出来。例如，我们可以自信地推测，未被统计的夜盗犯罪人和官方统计的夜盗犯罪人有相同的特征，而且“他们”可能潜藏于破烂的居住区内。

### *总　结*

本章运用官方统计资料和其他犯罪资料，讨论了犯罪人的年龄、性别、种族和阶级特征。由于犯罪统计包括了犯罪人的年龄和性别资料，这给已知犯罪人提供了一个清楚的描述，我们可以把这些资料所反映的犯罪人特征与“实际”的犯罪人相比较。种族和阶级是比较难处理的变量。从监狱人口和使用已知犯罪人为研究对象的研究可以获得关于种族和阶级的资料。这样的数据仅能揭示已知犯罪人的阶级和种族组成的部分特征。自我报告研究和被害调查的资料全面反映了年轻的男性下层阶级已知犯罪人的全部特征。这只能部分解释为通常所定义的犯罪问题，强调犯罪更可能是这些人所为。种族问题更难解决，对黑人占已知犯罪人比例较大的现象没有一个单一的解释。

### *进一步阅读的文献*

Tarling（1993）提供了关于犯罪人的特征和主要的研究

结果的概述资料。沃克（1995）主编的课本包含一些有用的章节，特别是关于男性和女性犯罪模式的第 9 章（参见 Hedderman，1995）和讨论在解释与种族相关的犯罪资料时涉及的困难的第 10 章（参见 Fitzgerald，1995）。《牛津犯罪学手册》（参见 Moguire et al.，1994）同样有益：关于犯罪生涯的第 12 章（参见 Farrington，1994）与关于年轻人和犯罪的第 24 章（参见 Pearson，1994）。Fitzgerald（1993a）以及赖纳（1993）对关于种族和犯罪的研究提供了一个简明和评论性的总结。关于表明阶级—犯罪联系的自我报告研究的证明力的最初文献仍然值得一读。例如，保吉斯和福特（1971）的、蒂特尔等人的（1978）和克兰德与卡特（1980）的著述。参考文献应来自第一手资料，如犯罪统计和其他的官方资料（见内政部，1994a；1994b），来自 BCS 的报告（参见 Aye Maung and Mirrlees - Black，1994）、地方调查（参见 Farrington and Burrows，1993）和自我报告研究（参见 Bowling et al.，1994）。

# 第六章

## 趋势研究：量子跳跃

本章介绍下面的关键概念或术语，它们在本书的词汇表中也会出现："违反道德犯罪"、黑市、职业犯罪、失业率、精确计算失业者、个人消费和经验研究。

在本章，我们将通过犯罪数据分析犯罪的趋势。首先，我们考察一下每个人都知道的内容：自从第二次世界大战开始犯罪急剧增长。上溯到20世纪30年代，当时，"除了公共秩序混乱外，犯罪并不是一个显著的社会特征"（参见 Morris，1989：16），之后犯罪率快速增长并持续到20世纪90年代。这一观念是建立在犯罪统计数据之上的。在开始前我们先尝试着排除我们的乐观想法，记住事情看上去好像过去好于现在。就如 Geoffrey Pearson（1983：ix）提醒我们的，"英国已经被与今天同样的恐惧和问题折磨了几代人"。正如他们所说的，预先警告，预先准备。我们已经认识到解读长期和短期犯罪趋势的困难，我们应当看一看一个解读这些趋势的例子，那经常被提出的一个假设：失业率的增长与犯罪率的增长相关。

### *61 年的犯罪趋势*

在 1934 年，英格兰和威尔士有 232259 件记录的可诉犯罪。在 1995 年，这个数字已经超过了 5000000 件。记录犯罪数的 22 倍是一个令人震惊的增长，可以想象一下本书的 22 倍将是多么长。这阻碍了《哈佛犯罪学手册》的成长，我们很轻松地读这本书已是不可能的了。记录犯罪大规模的增长在多大程度上代表了实际犯罪行为的增长？英国犯罪率是 61 年前的 22 倍速吗？

我们知道当犯罪数字受到报告、记录行为和立法变化的影响时，它们的增长或减少并不是受实际犯罪数量变化影响的结果。多种因素可以解释犯罪率的增长，包括警察数量的增加、记录系统高效（如电脑的应用等）、电话的广泛使用（使公众报告案件更容易）、公众对暴力容忍程度的降低和传统社会的破裂（二者都导致更高的报案率）等（参见 Maguire，1994）。这些因素表明，更多的犯罪案件可以进入官方的统计资料，而不是实际发生的犯罪增多了。犯罪学研究已经揭示了隐藏于警察和公众视线之外的犯罪。“新的视角与观点导致有系统的数据收集，而不是产生犯罪”（参见 Maguire，1994：237；原文的重点）。有人认为，随着刑事司法系统组织能力的增强，犯罪率同步上升（参见 Cohen，1985）。普遍认为，“官方记录的犯罪行为的范围可能随时间的推移而不同，与公众和官方对犯罪行为的关注有关”（参见 Gurr，1976：21）。

另一种观点认可一个基本趋势，这个趋势是通过犯罪率表现出来的，并通过犯罪机会的变化来解释这种趋势。也就是说，犯罪率随着社会中存在的实施犯罪的机会的数量的增减而呈现上升或下降的趋势。人们也用人口变化来解读犯罪趋势，且一些证据已经显示了一起出生的人口规模与犯罪率有关系（参见 Field，1990；Tarling，1993）。过去，这种议论经常被用来联系升高的犯罪率和年轻人口在总人口中的比例，但是最近几年，老年人口数已经被用来解读犯罪率的下降（参见 Stelfensweier and Harer，1991）。

自从被害人调查出现，当我们在解读长期犯罪趋势时，就不必只依靠官方数据了（参见 Box，1978）。正如我们在第2章和第4章所见到的，英国犯罪调查（BCS）自从其开始之日起就显示了犯罪率的增长，但这一增长比官方统计资料显示速度要小。然而，我们必须明白的是：被害调查产生的犯罪率不能代表真实的犯罪率——它们有其自身的弱点，仅仅是不同性质的产物。一般认为，即使犯罪总数增长的真实程度还不确定（参见 Maguire，1994），但犯罪总数已经在增长。

### 犯罪率与战争

20世纪30年代见证了记录犯罪数量的稳定上升（20年代中期开始的上升趋势），但是年复一年的迅猛增长并没有达到足以引起政府或公众惊慌的程度。在1934~1938年间，总数增长了21.3%（参见 Smithies，1982：2）。虽然这个增长的数字显得很真实，但真正的犯罪数是低的（当然是与今天相比）。例如，夜盗数量一年不足40000件。犯罪活动的新形式在这一时期显露出来，最显著的是有组织盗窃汽车犯罪——轿车仍然是一个稀罕物，也因此是贵重的商品。即使如此，轿车盗窃的真实数量是很小的，以至于不能单独在图形中计数。轿车不仅吸引着职业窃贼，而且创造了新的犯罪人类型：1934年，交通肇事犯罪占了不可诉犯罪的67%（参见 Smithies，1982：42）。

随着战争的爆发（遭受轰炸的财产和黑暗给盗窃和其他犯罪提供了非常好的机会），作为闪电战和灯火管制的结果，预测将要发生的犯罪浪潮并没有立即成为现实。在1941~1943年间，可诉犯罪只上升了3.9%。然而，在这概括的比率中，在英格兰和威尔士的不同部分存在很大的差异。例如，曼彻斯特的可诉犯罪率上升了20.4%。然而，这一时期列斯特犯罪率下降了24.4%（参见Smithies，1982：2）。其他不能代表一般趋势的国内城镇或城市的相关统计资料很难解读。在整个英格兰和威尔士，战争导致大量有组织性的和个体的动乱发生，动乱可以说明一些地方和局部地区犯罪数的不同。

随着战争的发展，可诉犯罪上升速度加快。在1939～1945年间，可诉犯罪增长了64%（参见Morris，1989）。这一增长被视为与已经发生的人口损失相关。例如，伦敦城市居民人口数下降超过200万。损失人口中许多是年轻人，这群人被认为是最有可能犯罪的危险人群。下列犯罪比率（以1000人为基数）展示了战争时期稳定的增长：从1938年的10名犯罪人到1944年超过了15名犯罪人（参见Smithies，1982：2）。英国总人口中损失了一部分平民人口，但是总人口数量又得到来自军队人员的补充，这些人员很可能导致犯罪率上升。Wilson和Herrstein（1985：436）在考察这一期间美国犯罪率的下降时，提醒他们的读者，美国有几百万处在易犯罪年龄的男性输出到了外国领土上。而英国海岸就在这些易犯罪美国人登陆的地方。然而，军队的存在对犯罪率的直接影响是很难计算的。美国的犯罪人倾向于由他们自己的军事警察和法庭处理，然而加拿大人经常是由所在国法律体系处理（参见Smithies，1982）。逃兵的实际数量的出现关系到战争时期的犯罪率。据估计，到战争结束时仅伦敦就有20000名逃兵生活无计（参见Morris，1989）。

当英国寻求先控制国家在战争中的士气，然后是市场和物质供应时，战争却产生了新的犯罪和犯罪人的潮流。在战争的前18个月里，对许多反道德的犯罪诉讼作出了相当严厉的监禁判决（参见Smithies，1982）。口粮供给带来了黑市的高涨，影响到其他形式的犯罪，尤其是盗窃。对市场的严格控制导致了白领犯罪调查数量的增长。卷入黑市的人——“不仅包括那些在正常情况下，卷入法律边缘的可疑交易的人，而且也包括那些在通常概念条件下绝对不会认为他们自己是罪犯的大量的中产阶级”。

整个战争时期的犯罪类型以财产犯罪为主。例如，到1945年，盗窃罪和夜盗罪占到了可诉犯罪的90%。虽然我们的焦点不是在犯罪人数据上，但在战争年代，财产犯罪的已知犯罪人年龄方面逐渐改变。超过29岁的人占据了此类犯罪人数量增长中的最大部分。据Smithies（1982：195）分析，这是白领和职业犯罪增长的反映。

在战争期间没有增长的一种财产型犯罪是“诈骗和伪造”，反而下降了18%。人们被迫持身份证的事实解读了这种下降的原因，被迫持身份证对准备实施诈骗、伪造犯罪是有阻碍的。当1952年身份证被废止时，这种犯罪又呈现了增长的趋势（参见Morris，1989：36）——这对那些赞成重新在英国使用身份证的人来说是一个有用的事实。然而，诈骗和伪造可能有非常大的暗数。因此，与这种犯罪相关的任何事实可能通过不同的途径解读。

虽然暴力和性犯罪有所增长，但是谋杀案的数量却没有显著的增长。在战争末期，暴力犯罪增长率加快，其中一种最严重的犯罪——重伤害犯罪（危及生命）显示了急剧的增长。暴力犯罪的增长被认为与职业犯罪无关，而与普遍的社会动乱及战争的冲突有关（参见Smithies，1982：152），与在战争时期，生命本身信念不确定的情况下，行为与约束正常标准经常不定有关（参见Morris，1989：20）。

第二次世界大战是“异常环境”时期，在这一时期，很难得出任何关于犯罪性质和范围的固定结论，不只是因为战争时期犯罪统计资料暂停出版，更是因为对后来出版的数据准确性的怀疑。在数量和战争带来的特殊问题与责任的压力下，警察服务被用尽，这一事实表明，那一时期的记录可能降低。当公众的注意力集中在其他更紧迫的问题上时，他们报告犯罪的数量可能已经减少。尽管有这些可能，“但我们可以推测，记录犯罪的上升是这一时期各种形式的犯罪行为客观增长的一种真实反映（如果在估计情况下），其中一些记录犯罪的上升是由于黑市无厌的需求导致的”（参见 Smithies，1982：189）。

### 犯罪率与繁荣

在战争结束的年代里，犯罪率不断增长。1945～1950 年，这一时期犯罪率空前增长。然而，比率的一些意义应该被支持：记录犯罪的真实数字，在最高时也是少于 50 万的，后来被认为是低犯罪率。到 1950 年，犯罪率增长达到顶峰，接下来有一个短暂的平静，在此期间，趋势被颠倒过来，犯罪开始轻微下降。

1955 年，记录犯罪显示了“现代犯罪问题的真正开始”。犯罪率开始急剧和持续地增长。到 1960 年，数量已经达到了 75 万，到 1964 年，超过 100 万。所有犯罪都有明显的增长；汽车犯罪与其他财产犯罪（盗窃和夜盗）等有显著增长。战后，当轿车又回到马路上时，数量变得更大，更难防盗，因为更多的车主没有安全的停车设施。不像在 1930 年，当时它们属于职业犯罪范围，现在机动车逐渐成为更年轻的犯罪人的目标。财产犯罪的增长好像与进入市场的诱人、轻便的消费品数量成正比。不仅有许多新的可偷窃物品，而且这些物品没有以前保护的好，这个问题已经提到过。白天，房子可能是空的：进入劳动力市场的妇女数量在增加；家庭成员离开家度假；家庭技术削减了做家务的时间。新的超级市场和自助汽油站增加了商场盗窃和其他形式盗窃的机会（参见 Wilson and Herrnstin，1985：410－16；Felson，1994）。Nc-Clintock 和 Avison（1968：273）把财产犯罪的增长部分归因于人们对财产漠不关心的态度，而这种态度的增多是总人口中物质更加繁荣导致的。他们认为，这些犯罪中的很大部分是可以预防的，需要进行建立犯罪预防体系的调查研究。

在这一时期，暴力犯罪也急剧增长，是1995年和1996年间暴力犯罪的2倍（参见 Morris，1989：91）。随着移民的增加，种族冲突和暴力成为问题。暴力一般被认为正在增长，因为青少年亚文化的出现（参见 Cohen，1973；Pearson，1983）。然而，整个20世纪50年代和60年代，暴力犯罪仍是犯罪总数中很小的一部分（大约5%）。在这种犯罪内部有很大的差异。例如，谋杀的数量保持相当稳定，然而重伤害案件增长超过了3倍（参见 McClintock and Avison，1968：273）。

在20世纪50年代晚期和60年代，战后“婴儿潮”成长起来，潜在犯罪人在人口中的数量增加了。年龄结构上的变化可以用来部分而不是全部解读记录犯罪趋势。普遍的数据检验导致我们得出结论（如果这些数字的表面价值被采用）。在这一时期，更多的犯罪人口以更快的速度实施犯罪。一些人认为，这表面上犯罪行为的增长是战后青少年一代人大量增加的结果（参见 Wilkins，1960；出自 Morris，1989）；当后来的一代孩子中出现了更多的违法犯罪人时，这一理论崩溃了。

最有趣的地方是这个犯罪潮发生在繁荣和完全就业时期，并促进了犯罪学的发展。根据一些时事评论家的观点，这是一种病源性的危机，它允许（强迫）惩罚来“扩大和释放其确实的束缚”（参见 Maguire，1994：241）。当过去许多被普遍接受的犯罪原因——贫穷和剥夺——随着经济增长和幸福感的增加逐步被抛弃后，犯罪率继续增长（参见 Morris，1989：93）。当一些人放弃了对犯罪根源追求的同时，一些犯罪学家开始寻找犯罪的社会根源。根据 Young（1988a）的观点，极端左派主义者不承认犯罪的真正增长，他们认为，犯罪率表面的增长仅仅是官方数据的社会结构的反映。另外一些社会评论家忙于质疑贫穷消失的问题，而没有重新发现它的存在，进而得出贫穷从来没有消失（参见 Townsend，1979）

的结论。犯罪与其他社会经济状况有密切联系的犯罪学理论把真实从假象中区分开来。

犯罪率与下降

20世纪70年代至80年代间记录犯罪不断上升，平均每年增长大约5%。然而，这期间每年的犯罪率都有显著的变化。例如，1974年犯罪率上升18%，1979年下降3%（Maguire，1994：257）。这就出现一个危险信号，犯罪的中短期趋势承载太多重要的东西，这种变化可能经常是立法和定义变化的结果。例如，1968年盗窃法案重新定义和重新分类了许多犯罪，因此扭曲了夜盗和机动车盗窃的数量；1971年犯罪损害法案改变了记录犯罪的规则，导致在1971～1981年间显示在犯罪统计数据上的数量大量增长（参见Walker，1981；1995）。“尽管如此，官方犯罪年复一年的变化倾向于被作为重大的重要事情……几乎总是上长，因此通常被当做攻击政府的武器”（参见Wiles，1971：205）。

20世纪80年代，强奸和毒品交易被认为是最迅猛增长的两种犯罪类型；两种类型犯罪显示了平均每年10%的增长（参见Maguire，1994：259）。在强奸案件中，有证据表明警察记录的已报告犯罪在增长（参见Smith，1989a）。在此期间，官方对毒品交易的评价发生了改变，“在所有犯罪控制领域，毒品交易已经处在令人兴奋发展的前线，根据立法和法律的有组织执行”（参见Dorn et al.，1992：ix）。很少有人怀疑毒品交易确实在过去的几年中有所增长，但是记录犯罪的增长已经被官方的反应所强调。

夜盗数量在这10年里几乎增长了2倍：从1980年60万到1990年超过100万（见内政部，1989；1993）。我们有关这种犯罪的被害数据日期可追溯到1972年，由家庭普查（1972～1981）和英国犯罪调查（1981～1991）提供。虽然警察数据显示夜盗记录犯罪在1972～1991年间增长了189%，然而家庭普查和英国犯罪调查揭示出小于61%的增长（参见Hough and Mayhew，1983：8；Mayhew et al.，1993：42）。矛盾之处是由于报告率稳定增长。因此，在20世纪80年代，虽然夜盗可能增长，其中有关少于犯罪统计资料所显示的。20世纪90年代拉开帷幕时，记录犯罪率超过每百万4.5人，犯罪率开始以每年16%的平均比率增长。在新的10年里，盗窃、夜盗和诈骗犯罪类型增长，其中有关汽车犯罪最多。汽车盗窃和从汽车里盗窃在1988～1992年间以大约57%的比率增长，1992年占到了应报告犯罪的28%（见内政部，1993：23）。这种犯罪类型的增长比汽车许可数量的增长要快，表明"更多汽车成比例的被盗窃和从中盗窃"（参见Walker，1995：17）。

1992年英国犯罪调查显示变化率稍微有点小。英国犯罪抽查显示所有犯罪类型可能相似，增长率在1987～1991年间达到14%；犯罪调查资料计算的这些相同犯罪的数量增长了39%。两种数据之间的差异可能是由案件报告的增长造成的。1991年，英国犯罪调查50%类似的犯罪报告给了警察，相比较在1981年只有36%。警察记录保持着整体的稳定，在两种犯罪间有一定差异。在报告方面这种增长的结果是暗数的省略。"1981年，在英国犯罪调查预测每种犯罪类型集合中，有四个犯罪警察才记录一个犯罪——没有报告就没有记录。1983年下降了4.4%，1988年下降了4.1%，1992年下降了3.4%"（参见Mayhew et al.，1993：16）。

1992年和1993年记录犯罪的数据显示上升的趋势开始减缓：1992年上升6%，而1993年则减少了1%（见内政部，1994a）。英国犯罪调查显示，在1991～1993年间，犯罪的报告与记录两方面都在下降，同时两年一次的英国犯罪调查犯罪率也仅有较小增长（参见Mayhew et al.，1994）。这两件事情一起帮助我们理解和解释犯罪调查资料显示的趋势。显然，至少这些特殊犯罪增长率已经缓慢下降，但是公布的特殊犯罪增长率小于记录犯罪统计资料所显示的，因为报告和记录习惯的改变。例如，这样的信息本身就有研究的兴趣与价值。它也说明了怎样在一个相对短的时期内能够缩小和扩大暗数（英国犯罪调查测量和展示的）。最近，内政部公布的数字显示，1994 年记录犯罪下降了 5%，1995 年下降了 2%（HOSB 19/95；3/96）。这是 40 年来第一次在记录犯罪方面连续 3 年下降。在我们为这一消息欢呼之前，我们应该注意到一些更严重的犯罪类型实际上在增长。例如，1995 年的数字显示，谋杀和抢劫分别增长了 3% 和 14%（HOSB 3/96）。对于政府来说，犯罪率的整体下降是显著的；这确实是一个好消息。这一下降大部分归功于（被政府）新的和改进了的警察措施。现在对我们来说，宣布犯罪趋势转变还为时尚早。例如，记录犯罪在 20 世纪 80 年代末下降了 5%，紧接着在 90 年代前两年增长了 31%（HOSB 19/95）。短期趋势经常证明这是暴风雨前的安静。接下来的英国犯罪调查数据可能为我们提供一些线索，通过提供关于报告和记录行为的变化来帮助我们解读。如果现在下降趋势在犯罪统计资料中连续出现，一些人可能得出结论，20 世纪 90 年代中期已经建立了一个更守法的社会，更少的犯罪被实施。相反，可能更合理的是得出结论。因为警察必须处理增长的案件报告，所以他们作为犯罪的记录就少；因为公众逐渐适应了高犯罪率，所以他们改变了报告的习惯；因为更少的人能提供高额保险费，所以他们报告犯罪的理由也减少了。

### 持续上升的犯罪率

过去超过 60 年的记录犯罪率已经显示出对发生变化的经济和社会状况的异常抵制。经完全就业、活跃的 20 世纪 60 年代以及严重的通货膨胀和经济衰退，犯罪率始终直线上升，无法阻挡。Carr – Hill 和 Stern（1979：271）得出了犯罪趋势分析的结论，叙述如下：“根据观察，产生犯罪统计数据的程序每年都是不同的，因此很难说真实的犯罪已经减少还是增长了。这种判断还没有被证实。”Pearson（1983）以一个相当悲观的心态认为：“没有办法作出有确实根据的判断，记录犯罪的运动是否反映了真实的犯罪活动的变化；或者是公众容忍度的改变；或者是警务的变化；或者是这些因素任何一个因素的杂乱变动。从严格意义上讲，关于犯罪上升（或者关于犯罪下降）的陈述，既不能被当成真实的也不能当成虚假的。相反，我们必须合理地认为它们是未决的。”（参见 Pearson，1983：218；原文的重点）

这些结论是在可替代数据使用前得出的；现在，这种判断不得不发生相当大的改变。国家被害调查允许我们追寻一组特殊的犯罪，使人们看见杂乱的变动，这种变动导致这些犯罪记录数字的变化。其他形式的犯罪趋势更难解释，但是因为新的调查和改进的数据收集方法开始发现和统计更多的这些犯罪，所以长期趋势可能获得更好的理解。

英格兰和威尔士的犯罪人口不是 61 年前的 22 倍。我们有规模更大、更有效率的警察服务，它记录更多的犯罪案件，更警醒和更少容忍公众报告更多的犯罪。这样的建议和源于英国犯罪调查的证据导致我们认为犯罪的增长少于官方统计资料所显示的。这也有真正犯罪（被实施的犯罪）确实增长的证据，这一增长可以说是部分由于许多更好的犯罪机会引起的。不同的犯罪显示出不同的增长速度，研究和解释这种情况是有用的，但是这并不是说犯罪持续的长期增长形势发生了转变，犯罪原因是多种多样的（参见 Field，1990：4）。我们能看到 20 世纪 90 年代犯罪的整体图像与过去是非常相似的。McClintock 和 Avison（1968：273）提出：“目前整个这个世纪，每年警察记录的可诉犯罪的绝大部分是盗窃罪和夜盗。侵犯人身的犯罪保持着一个非常小的比率，近年来只占总数的不足 5%。”

1995 年，暴力犯罪占到记录犯罪的 6%（HOSB 3/6）。犯罪的图像是并且仍然是由财产犯罪主导的。当然，总数还是大得多，财产犯罪类型在过去的年代里已经发生了变化（如有暴力犯罪类型）。总之，官方统计资料大概告诉我们关于一些犯罪的主要趋势，但是我们只知道这个，因为替代数据的有效性。

***失业与犯罪的关系***

通过对犯罪原因永不停止的探索，犯罪学家已经发现了犯罪和其他变量之间的联系。在经过寻找犯罪人和正常人之间差异的大量调查研究失败之后，调查研究者收起他们的卷尺，重新调整视角。在20世纪50年代和60年代（这一时期经济增长，出现低失业率和犯罪增长），很多理论研究从犯罪人社会地位方面解释犯罪原因。20世纪70年代的经济危机使得人们对经济环境与犯罪率之间的联系又产生了兴趣。在经济萧条时期，犯罪率持续增长，因此失业成为并且现在仍是解释犯罪的关键变量。我们应该看一看解释失业与犯罪率之间联系的两种不同类型的调查研究：总体层面的研究，比较犯罪率的波动与失业率波动；个体层面研究，检查实际个人的犯罪行为。前一类型是关于犯罪率变化与失业率变化之间相互联系的研究，而后一类型是关于就业状态对一个人的犯罪倾向是否有影响的研究。

*总体层面研究*

许多研究已经运用总体数据，一些研究明确指向财产犯罪（这种犯罪类型更容易与失业相联系），其他研究指向所有犯罪。当失业呈现上升趋势，它与犯罪率之间的联系容易被发现。然而，正如Roger Tarling（1982：29）所指出的：“因为犯罪已经普遍增长，任何其他系列的呈现出相同总体趋势的某一变量的总体数据，将与犯罪趋势高度相符。不难发现一系列其他非常明显的不相干量度，这些量度能很准确地、更稳定地反映犯罪数量。”

Roger Tarling 给我们提供了一个冰激凌消费的例子。当然，没有人被引诱到关于特殊变量的因果关系的小道上（除了那些有过敏牙齿的人），但是失业是另外一回事。大多数同时代的犯罪学理论主张犯罪与失业有因果关系（概要见 Box，1987：36 - 52；Pyle and Deadman，1994：339 - 40；Farrington et al.，1986a：335 - 6）。经验证据却是相反的，关于失业与犯罪之间关系的性质已经达成了一致意见。让我们来检查这些原因，为什么这个任务如此难，为什么我们分享 Bottomley 和 Pease（1986：138）关于使用常规统计的悲观情绪——常规统计不只用于寻找可能性。

### 其他暗数

正如我们所知道的，记录犯罪率不能代表总体犯罪规模，历时的变化可能意味着许多事情而不是犯罪行为的变化。失业率给我们提出了相似的问题。这是一种行政构建，基于在定义范围内的申请人，测量被官方定义为失业的人口数量——为了获得救济和其他目的，能够登记申请工作的人。这个狭义的定义排除了很多没有专职工作的人——失业的暗数。除去官方数量失业还包括许多单身的父母，那些每星期至少工作 16 个小时的人、病人和不能工作的人，对我们的讨论最有意义的是那些 18 岁以下的大部分人。工作方式和家庭结构影响暗数的大小与范围。与记录犯罪相似，官方失业率也受立法改变的影响。例如，1986 年社会安全法案有效地在登记中去掉了那些 16 岁和 17 岁的人（参见 Hill，1990）。Dichinson（1993：19）认为，虽然存在申请人统计大大低估失业的强有力指标，但是通过调整数据适应立法关于定义的变化，历时的一贯性是能够获得的。我们可以肯定低估发生了，对于调整数据以获得历时的准确比较更加悲观。因此，我们必须记住，总体研究实际上检验两套数据的结合，它们分担同一个普通问题，以致他们只测量记录犯罪的数量和失业记录个体的数量，从此类数据中得出的任何结论几乎不能激发信心。

一个有用的替代者

失业经常被研究者当做经济不好的代表。例如，John Wells（1995）收集证据来表明失业与犯罪之间的联系比一般推测的要牢固。然而他写的论文认为，“大量的失业和单亲家庭的增多导致史无前例的一定程度的贫穷，自从第二次世界大战以来家庭中每四个孩子就有一个孩子接受‘收入保险’（政府规定的最低的救济）……一个有如此大量的生活在贫困中的孩子的社会具有大量刑事犯罪的危机”（参见 Wells，1995：5）。

这听起来好像他真正的兴趣在于贫穷和犯罪的联系。那么为什么不比较穷人数和犯罪率？这个问题的完整回答走出了本书的范围。简单地讲，这里没有关于贫穷的一致定义。不像美国和许多欧洲国家，英国没有官方贫穷线。这显示官方或其他方式统计犯罪人与定义什么是穷人相比，是孩子的游戏（对于贫穷的讨论，见 Ringen，1989；George and Howards，1991）。不论是谁，穷人可能在单身父母、低收入者和兼职的工作者中发现，因为他们处于失业中。我们应该特别提到由官方认定的失业与个人对经济资源的支配没有简单的连接。失业率对于贫穷的范围只能提供最大概的指示。从这得出的教训是，那些主要兴趣放在把贫穷看做犯罪学原因变量上的人，应该避开关于犯罪率的总体研究，把他们的研究放在个体层面上。

这也是真的，失业本身能作为社会剥夺的其他方面的指标。就业状况与许多其他犯罪学原因变量，如社会阶级、教育成就和年龄相关联。总体研究不能解决这些其他变量带来的对失业的直接影响。当我们涉及个体层面的研究时，我们将在下文再次谈到这个问题。

### 生态学谬误

犯罪率与失业率直接相关的发现，不能被认为是由失业导致的高犯罪率的指示（参见 Bottomly and Pease，1986：138）。要在个体层面上探讨归因于失业的因果率，就必须表明，与就业者相比较而言，失业者更容易犯罪。从统计数据来看，这是不可能的。“为了得出关于个体的结论，基于个体的研究非常有必要”（参见 Farrington et al.，1986a：336）。

### 何种途径

因果法则是很难从总体研究中得出的。“失业能导致一些人实施犯罪，而对于那些卷入犯罪的人和有犯罪记录的人更可能失业或者说至少获得工作将更加困难”（参见 Tarling，1982：28）。Dickinson（1993：25）虽然认识到对于某些个人来说这可能是对的，但是发现认为它能说明大规模且迅速的失业运动是难以置信的。当然，从前没有人提出这个观点。然而，很多犯罪是由青少年实施的，在他们进入法定劳动力市场前——他们还处于义务教育阶段或者是 18 岁以下，因此不能被归类为失业人口——他们后来发现，他们的犯罪记录对他们的工作前景产生了不利的影响。尽管如此，人们还是经常认为失业导致犯罪。Bottomley 和 Pease（1986：135）认为，这是由于在我们思想方法中存在不合逻辑的偏见，“就是说，人们更容易认为当前事件是未来事件的原因，而不是过去事件的结果”。

### 一致的怀疑

需要注意的是，失业率能多么接近地反映犯罪率？大量的总体研究告诉了我们什么？这决定于我们选择站在哪一边。失业与犯罪之间关系的存在已经逐渐上升为政治问题，“因为失业与犯罪可能是 20 世纪 80 年代政府面对的两个主要社会问题。在英国，保守党政府希望否定二者之间的任何直接关系，因为这暗示着以失业为代价优先降低通货膨胀的政策将否定它控制急速增长的犯罪水平的努力。这一关系的政治重要性和致力于证明它的研究努力已经不能创造出任何清晰的一致观点”（参见 Hale and Sabbagh，1991：400）。

我们中的那些愤世嫉俗者可能认为一致性观点的缺失是由于问题的政治重要性。结论似乎经常取决于研究者自己的基本政治直觉。

许多存在的经常研究的评论反映了这种一致性的缺失，一般不能得到任何牢固的结论。Roger Tarling（1982）的评论发现，一般来看，主张失业与犯罪之间没有关系的研究多于主张有关系的研究。他总结 30 项研究成果后得出自己的结论，认为“失业很明显不是唯一的甚至不是主要的犯罪决定因素……然而，关于关系的一些证据持续表明失业是犯罪原因中的一个因素，虽然它可能不是主要因素”（参见 Tarling，1982：32）。

Box 的“爱的劳动”只能得出这种关系是不一致的，即使使用了关于犯罪数据的替代来源。

特殊研究能被选出，以证明较确定的结果。Jackie Orme（1994：1）的内政部研究分析了失业增长率与达到警察强制水平的犯罪之间的关系。他关于数据的检查没能说明失业与记录之间存在稳定的显著的联系。相反，Dickinson（1993）报告，在年轻男子失业率与年轻男子家庭实施的夜盗罪间有明确的联系。对两个研究的批评性分析能发现足够多的方法论缺陷来质疑每个研究的结果。政客们和其他人能发现对与其截然相反的观点的有力的支持（参见 Pyle and Deadman，1994：339）。

Cantor 和 Land（1985）试图解释为什么总体研究得出如此不同的结果。在高失业时期，存在两种力量，二者相互对立，这就是机会和诱因。后者的增长是由于财政困难，导致财产犯罪增长。前者的减少是因为家庭得到更好的保卫，并且没有什么东西可以偷，因此造成了财产犯罪的下降。这些力量结合的影响被认为对于总体研究经常得出的弱的和不一致的结论负有责任（参见 Cantor and Land，1985：321）。这听起来像强迫性的议论。然而，Hale 和 Sabbagh（1991：401）曾经提出，Cantor 和 Land 使用的方法论是有根本瑕疵的。因此，对抗性的实证主义哲学得以延续（参见 Brake and Hale，1992：114）。

### 更广泛的关注

一些研究已经检查了犯罪和更广泛的经济状况指标之间的联系。最广泛和显著的是 Simon Field（1990）的内政部研究、犯罪的趋势及其解释（参见 Pyle and Deadman，1994）。Field（1990：5）断定，“经济因素对财产犯罪和人身犯罪具有主要的影响”（e. g. ，暴力犯罪）。财产犯罪的增长被发现与个人消费水平（一年中一个人平均消费的总量）的下降有关，然而人身犯罪的增长与个人消费水平的增长有关。他解释这些发现主要是根据变化与刺激，这个观点与 Cantor 和 Land（1995）的观点相似。实施财产犯罪的诱因在消费水平下降时期最大（虽然机会少）。与此相同，实施人身犯罪的机会在消费水平快速上涨时期最大，至少对那些更可能被记录的犯罪如此，此时人们花费更多的时间在户外活动（参见 Felson，1994）。

他认为这导致了年复一年的波动，但是这种影响是短暂的，犯罪率很快返回到它长期的轨道。他提到犯罪和经济显示了相同的短期波动，但是二者比率基本的趋势是稳定的增长。二者比率的相同点是很令人吃惊的，能使我们认为经济增长已经成为犯罪率长期上升的主要决定性因素。

Field（1990：7）断定，失业率不是解释犯罪率波动的重要变量：“一旦个人消费水平对于犯罪的影响被考虑进来，尽管有广泛的数据测试，但是没有证据表明失业加强了任何犯罪的解释。”失业率的增长发生于消费水平下降后1年左右，然而犯罪率的膨胀紧跟在消费趋势后。其他人认为，因为失业率和消费水平增长联系如此密切，所以没有必要在分析中涉及两个量度。

### 个体层面的研究

关于失业和犯罪之间关系的个体层面研究在英国非常少。诺森伯兰警察局（1980）发现失业人口比就业人口被捕的人数多。在北爱尔兰一项关于年轻人自报告的研究发现，失业者比就业者承认更多的犯罪（参见 Gormally et al.，1981）。此类研究的障碍是有许多变量可以导致个人倾向于犯罪和失业。为了明确失业与个人犯罪之间的因果联系，这些其他变量将不得不与对照组相匹配。在过去的20年中，年轻失业者的增长使这个问题更有意义。最有可能实施犯罪的人群也是最有可能失业的人群。

最可信的对数据的个人研究是 Farrington 等人（1986a）在“犯罪生涯”中的源于“剑桥研究”的数据分析。这些研究者通过观察在就业和失业期间每个人犯罪行为的不同，灵活地避免了控制其他相关变量。他们已经发现失业和官方自我报告的犯罪有关（参见 West and Farrington，1977；Farrington，1979；West，1982），并继续研究发现他们的同生群在失业的时候比在就业的时候更可能犯罪，虽然这种不同只是财产犯罪的证据，“这是真的，甚至当这个分析被限定在已经失业和已经实施官方记录的犯罪的年轻人身上，它表明失业与犯罪是有联系的，这种联系与被判罪人和未被判罪人之间的许多的不同点没有关系”（参见 Farrington et al.，1986a：351）。

他们发现这种影响对于那些已经倾向于犯罪的人是最牢固的（由多样化的社会经济因素测量的）。Farrington 等人在他们的分析中强调了这些缺点：涉及的数量少，研究时期比较短期的失业和普遍的年轻人低失业率。

### 完全无知

我们很快就会从最初的悲观走入深深的沮丧。Tarling（1982；32）认为，“附带的总体研究并不能说明问题”。但是，很少有人注意到他的话。当失业率和犯罪率维持在高水平的时候，对于许多人来说，证明二者之间存在着宏观层次的相关性的诱惑是巨大的、难以抗拒的。现实世界的因果关系并不是显而易见的。一些过程可以在实验室“简陋”的条件下被复制出来，然而真实生活就像一个众多变量相互作用的复杂网络，我们永远也没有希望去完全确定并识别它，更别说为了研究的需要而去把握持续不变的东西了。“然而，我们的头脑和报纸等却总是诱导我们用简单的因果关系来思考问题。尽管教科书提醒我们说相关关系并不一定意味着因果关系，我们却总是通过先发现相关关系，然后才开始考虑因果问题。那些想要我们避免‘因果论’地考虑这些关系的努力是徒劳的”（参见 Bottomley and Pease，1986；137）。

宏观分析的长处在于它可以使我们发现那些可能蕴涵着因果联系的相关。当被问及其自身数据无法回答的问题时，它的弱点就会暴露出来。如果研究者的兴趣在于发现原因，那他们必须离开温暖的办公室去收集一手资料，而不要再停留于淘炼二手资料了。

Fattington 等人（1986a）的工作向我们展示了在这一领域开展研究可能最有成效的方法。比如，通过使用大量样本、调查个体犯罪和受雇者生涯情况的历时自述研究的方式得出了很多关于这方面关系的肯定性的结论。然而，这种长期、复杂的研究方式常常因花销巨大而难以进行。Fattington 等人（1986a）认为，可以“确切证明失业导致犯罪的唯一途径是进行一次完全随机化的实验，保证就业水平的差异是由系统自动生成的”。这并不意味着要求人们随机被雇主解雇以观察他们是否犯罪（这应该被看做是微小的不道德的现象），而是要求对实验组和控制组的违法行为进行对比，其中实验组采取帮助其就业的方式而控制组则不会受到帮助。这里涉及一种本书没有讨论到的全新的数据形式，这种数据由实验研究获得（要了解实验数据，参见 Farrington er al.，1986b）。除非我们幻想能在大学的地下室中建造一个模拟监狱用来监禁那些我们用以调查的职员和学生，否则这种研究方式不会引起我们对它的狂热。

我们很少怀疑经济因素在导致犯罪的原因方面扮演着重要的角色。失业仅仅只是经济剥夺的一个指示器，从其自身来讲，作为因变量来使用是有限的。失业的冲击力会受到个体所处环境和主观经验的巨大影响（参见 Lea and Young，1993）。失业的“含义”会随着聚合水平而变化，如在 20 世纪 90 年代失业的感受和 70 年代相比一般会有所不同。利用失业来解释犯罪率的上升，其所带来的问题要比它所能回答的要更多。失业的本质随着年代的发展已经发生了戏剧性的变化，而犯罪的本质性一贯保持不变要比发生任何变化都令人吃惊。例如，年轻人中间总是存在着犯罪倾向的，但这并不总是受害于高失业率。声名狼藉的 Mods 和摇滚青年可能会使很多假期陷入混乱，但是他们中间的大多数还是会在周二之前回到工作中去。

麻烦在于我们预期失业会带来犯罪。我们确实能轻易地想象出这是如何发生的。我们不仅会看到魔鬼如何为无所事事者找到工作，而且我们也会看到此类工作如何为满足物质需要提供非法方法，在失业者的暗淡生活中也很少看到激动人心的事情（参见 Gottfredson and Hischi，1990；163）。现实情况是，对于许多人来说，工作是一种精神上和财务上必须履行的经历。这意味着那种被广泛持有的关于失业导致犯罪的信念引发了更高的已记录犯罪率的出现。在高失业率时期，公众和警方将会期盼着犯罪行为数量的上升，这会导致对犯罪的恐惧心理的加重，引起更高的报道率和警方对“问题人群”的监察与控制。这些因素的最终结果是导致已记录犯罪行为比率的上升，从而加强前面提到的那种信念和恐惧（参见 Box，1987；157）。

一个负责任的犯罪学家，在过分简单化地暗示我们应该指责失业这一因素之前都要考虑再三。那些关注犯罪的经济原因的人们应该在更加广泛的范围内确定调查变量，如财富剥夺、工作条件、政府福利水平及获得条件和未来就业前景，而不要只集中于就业状况上。那样的话也许失业对于犯罪率和个体违法行为的影响就会更加清晰可见了。Box（1987）提供的证据表明，英国收入分配的不平等现象的扩大致使犯罪率下降，这也许不太合某些官方立场的口味。

结论是，向官方数据询问是否失业会导致犯罪，类似于让医院看门人去执行脑外科手术，而事实上他们知道的仅仅是如何走到手术室。数据仅仅向我们显示了失业和犯罪二者之间存在某种相关的联系，以此和那些我们已经知道的可能的导致犯罪的因素相结合，通过对这些变量的探寻我们也会收获到丰硕的成果。正如我们所看到的，几乎没有人选择这种方式，而是存在着一种止步不前地重复同样的套路。把犯罪和失业率配对的这种做法已经没有什么价值了，是该转换到新牧场的时候了。

### 总　结

在英国，犯罪记录可以追溯到 61 年之前，更多注意的是对这些作为测量犯罪趋势的官方数据的解释问题。除了由于实际发生的犯罪数量增长之外，记录犯罪数量上升还可能由其他原因引起。全国性的受害人调查的出现使得某些犯罪的实际数量上升，这可以与那些由于报案和记录等原因导致数量上升区别开来。在考虑到总体层次和个体层次这两种方法的情况下，失业的困难就显得十分突出。总体层次的研究所获得的数据无法揭示犯罪率和失业之间存在紧密相关。同时，个体层次的研究又明显不足。在本章的最后应该指出，将来关于这一课题的研究应集中关注个体层次，并把目光较多凝聚在经济条件方面。

### *进一步阅读的文献*

关于犯罪和罪犯趋势的历史性的梳理可参见 Smithies (1982)，其涵盖了第二次世界大战。Morris（1989）对于 1945 年至 20 世纪 80 年代的相关方面的内容有详细的研究。McClintock 和 Avison（1968）讨论了从 20 世纪初开始到 60 年代中期的有记录犯罪的发展趋势问题。Peason（1983）提供了精彩的关于青年犯罪的历史梳理。有关犯罪的趋势的详细情况可以参见 Maguire（1994）和 Walker（1995）。像往常一样，基础性的资料可以参考：犯罪统计和 BCS 报告，如 Home Office (1994a)、HOSB 1995 和 Mayhew et al.（1994）。Box（1987）做了关于犯罪和失业的理论性争论的概述工作，他也提供了关于宏观和个体层次研究工作极为出色的概览。在 Tarling（1982）、Pyle 和 Deadman（1994）那里，也可以找到有价值的总结。

# 第七章

# 结论：坚持测量吗

本章我们将要介绍以下的关键词和术语，这些关键词和术语在本书的附录表中能够查询：种族学研究、定性方法和数据、个体病理学、欣赏性立场、矫正主义观点、犯罪转移、左派理想主义者、右派现实主义者、相对剥削和公司犯罪。

在本章里，我们不打算重复前面每章都已论述过的结论和摘要。相反，我们会描述一些在整个犯罪数据资料领域里还没有提及的我们自己的一些观点，并且我们会对未来犯罪数据资料的发展趋势作出一些预测。作为本章的一部分，我们也指出了在这本书中我们已忽视的这个领域中的一些方面。下面我们将就这部分展开论述。

### *数字不是唯一的数据资料*

在本书中，我们主要关注几类特殊的犯罪数据资料，它们来源于官方统计、自我报告研究和被害人调查。在某些方面，无论是由官方机构还是由调查方法产生的，这三种数据资料都提供了一个相似的产物——定量数据资料。这样就会使人们认为这些数据是首选的，甚至是与犯罪唯一相关的数据。这完全不是我们的观点。我们相信，对于犯罪学事业，其他种类的数据资料也是必要的。事实上，不同策略、方法和数据（就是我们以前提到的“三角形”）的结合，才是我们通常的首选。

通过本书，我们已经认识到这三种类型的数据资料在他们各自的条件上都有某种局限性，如定量数据。为了揭开这些数据产生的一些困惑，从事一些其他特殊的研究通常被认为是必要的和有价值的。然而，我们另外要指出的两点：第一，有一些重要的领域是很难用官方数据和调查方法去研究的。例如，为了解释熟悉的啤酒贸易，我们需要采取其他的方法来实现这些方法未能达到的内容。郝博斯（参见 Hobbs，1994：442）指出，职业犯罪“直到强盗、持械抢劫者、诈骗犯和他们的同伙都表明了他们对调查问卷或大范围的社会调查的热情，人种学研究、生活史、口述史、传记和新闻报道将会是非常宝贵的财富”。和它们其中的一个相联系，对这些具有选择性的数据也需要谨慎的评价，尤其要根据它们当时产生的环境。然而，经常被称许的“定性方法”和“定性数据”也是很有价值的而不能被忽视。第二，定性数据没有必要被看做是第二位的，当很多地方不能利用定量数据资料时，我们将会转向定性的运用。定性方法不但能涉入其他方法不能涉入的领域，而且它们也能提供一种不同种类的数据来作出它们自身不同的贡献。由官方统计和调查方法取得的信息抽样于人口部门注册的丰富的和复杂的人口，这些部门将各种各样的方法归结于它们的经验。在把这些零散的经验变成大规模的、概括性的定量数据的时候，也丢失了许多信息。小规模的定量研究对我们了解犯罪行为、被害和刑事司法发生过程作出了很大的贡献。在产生大规模的数据资料时，它们能提供对那些经常丢失的特殊数据和目标群体的整体性特征的认识。例如，福斯特（参见 Foster，1990）关于轻微犯罪的地域和家庭传统的研究，郝博斯（参见 Hobbs，1988）的犯罪亚文化中企业家的身份地位和伦敦东部边缘的犯罪调查部门。另外，他们能提供给我们个体全部经历的有价值的说明和在真实情景中所赋予他们的社会意义。所以，他们能为我们提供深度资料以使定量资料支持下的基本结构更为丰富。

***犯罪统计和诚实的政治家***

在本书中，我们还没有涉及的另一个领域是政治学犯罪统计。几年前，莫瑞斯和霍金斯（Morris and Hawkin）出版了一本有趣的著作——《诚实的政治家对犯罪控制的指导》。愤世嫉俗的人也许认为这是一个严重的错误，因为这显然是一本市场占有率很小甚至不能上市的书。政治家对犯罪数据的利用本身就是一个很有趣的研究领域。就像我们已经看到的在已记录的犯罪中进行趋势研究，现在几乎没有更好的信息为政府所用。犯罪记录的增加给热衷权力的人提供了便利（就像在1979年选举大战中，法律和秩序成了保守派的主要阵地），但是一旦他们掌权就会有更多的困难。近几年，内政大臣们有时乐意提到英国犯罪调查的数据（BCS），就是为了表明犯罪并没有上升，而不像官方统计的那样糟糕，一个积极的怀疑主义最终得到的就是这些数字，对此我们并不感到惊奇。

就像怀疑主义随着时代的变化会消失一样，当我们编写最后这章时，内政部发表了立案的犯罪统计。该统计显示，自1993年6月以来犯罪数量下降了500多万起，这是自有犯罪记录的一百多年以来（时期，1995年9月28日）下降比例最大的一次。引用内政大臣霍华德（Michael Howard）的话说："我相信这些数字是我们消除犯罪的一个标志。"就像在他以前的卡纽特（King Canute）所指出的，霍华德（Michael Howard）好像已经发现了控制犯罪高潮的秘密。人们不再怀疑这些数字，人们不再提及英国犯罪统计资料（就像在我们书的前面提到的，在近几年似乎有一些犯罪行为没有报告给警察部门）。相反，我们听到了许多关于犯罪数量下降的原因，可取的观点有：闭路电视的增加；警察采取新的措施，包括针对已知的罪犯；法院对它的不当判决的申诉作出反应，结果，在两年半的时间内囚犯的数量增加了1/4。

我们不希望看到我们对工作所付出的努力受到否认，并且许多改革在某类行为中已经产生了局部性的、积极的结果。然而，它能够误导人们，使人们认为在内政大臣的权力中犯罪率清晰可见，并且刑事司法系统能够控制犯罪率。如果真是那样的话，我们也应该公正地坚持认为，他们应对近几年英国和威尔士地区犯罪率的大幅增长负有责任。就像前些年莫瑞斯和希尔（参见 Morris and Heal，1981：49）在关于警察控制犯罪的作用的证据研究审查中最后总结的："冒着过渡单纯化的危险，在审查中它描写了最显著的一句话是：对大量犯罪起到直接的作用超出了警察的能力。"同样，更多更长的刑期可以起到威慑犯罪的观点似乎忽视了许多犯罪行为根本没有侦破的事实，并且监狱的威胁作用在许多潜在犯罪人的意识中并不明显。最后，在内政大臣的意识中有一个更深的要素——通过使犯罪人避免重新犯罪，一个严厉的刑罚政策可以起到降低犯罪率的作用——在前些年因为各种各样的原因被内政部的一项研究宣布为：这是不切实际的和不可想象的，"至少不是因为增添了监狱不能承受的负担"（参见 Brody and Tarling，1980：36）。

贝克（Kenneth Baker）当然羡慕霍华德（Michael Howard）控制犯罪浪潮的出色的能力。当内政大臣回顾 1991 年时，在犯罪数量发表前夕就显示了犯罪率实质的增长，他也不得不应对破案率持续下降的问题，这在本书第 2 章中已经论述过。他认为，警察在破案方面倾注了太多的精力（参见 Guardian，1991. 6. 26），破案率的强调对于警察做了什么和公众想要什么产生一个"十分扭曲的图像"。他说，犯罪统计忽视了用在诸如琐碎的事件、家庭纠纷、交通工作、救助迷路动物、街头巡逻、给人们指路和救助丢失儿童等这些方面的时间。他继续宣称，在不久的将来，他的最权威的警官巡视员将会发表关于以前无法计算的工作量的信息。不管他们的动机怎样，处于压力下的政治家和那些非政治家相比经常谈论一些更有趣的事情。在这种情况下，关于警察的角色和怎样测量警察的行为引起了一些争论。

### *因何而用*

我们喜爱的海滨风景画之一描绘了一个人把腰弯向一群马丢在街上的粪便，正要将它们铲进一个桶里（现在在英国这种情景是极其罕见的），一个小男孩脸上挂着不解的表情在旁观。男孩大喊："嗨，先生，你用那个做什么?""当我回到家，把他们放在我的大黄树上。"这个人回答道。男孩说："哦，我们的上面有奶油蛋糕。"任何种类的产品应该根据他们设置的意图来判断。马的肥料放在花园里会产生奇迹，但却不能置于桌上，犯罪资料同样也是如此。按照某些目的设置的数据相对于其他目的会更有价值。马吉尔（参见 Maguire，1994：247）与犯罪统计相联系，也得出了这种观点：尽管犯罪学家和内务部统计学家都在谨慎的处理，尽管犯罪统计与英国犯罪调查的数据相比，犯罪率是急剧上升的，这些统计仍旧是政治家利用的"气压计"并且被媒体加以强调。他们恰到好处的利用影响着内务部和警察力量的资源和战略计划。

正如博顿利和皮斯（参见 Bottomley and Pease，1986：169）所说的，实际上所有的官方统计都是在各种情境下作出的决议记录，而不是代表犯罪和犯罪人方面的一次尝试。为了理解或者解释这种数据，我们需要认识到，它们是在特殊的社会和法律情境下相互作用的产物，"这就是为什么对统计研究进行比较的理由之一，在权限之间或者更久远的时期，它一定是非常困难的工作"（参见 Bottomley and Pease，1986：

169)。尤其重要的是那些重视这种数据并对数据的产生起作用的测量方法。任何测量都被看做是和现在特殊的困难有关的数量和质量的反映。那些测量被看做是“生产力测量”、“成功率”以及相类似的说法，在他们的解释中要求得更加细微（参见 Bottomely and Pease，1986：169)。例如，常常用来衡量警察绩效的数字，往往不是独立产生的，而是通过组织产生的。他们不但是社会构建，而且也是关于解释的操作和争论的公开。如果我们认同机构主义者的观点，官方统计在不同程度就具有了价值——凭他们自身的地位作为询问的对象，作为一扇窗户，通过它，我们能够看到裁判过程、法律实施和刑事司法的整个顺序。它也许是一扇结了霜的玻璃窗户，或者至少被一部分窗帘遮蔽，但这正是必须进行深入调查和研究的原因。

### 数字的力量

本书主要通过三种方法阐述了与犯罪和犯罪人相关的各种问题。尽管存在一些问题，但毫无疑问，“数字的优势被看做是一个描述性的媒介”（参见 Maguire，1994：236)。这在政治学、大众媒体、政策决策派和犯罪学学术规则领域里是真实的，虽然 20 世纪 70 年代早期的激进犯罪学（参见 Taylor et al.，1973）没有意向对定量数据资料领域进行研究。最近，更多的左派现实主义者成为地方犯罪调查的主要代表。就像马吉尔（参见 Maguire，1994：273）所指出的，甚至推崇定性方法的研究者例行公事地产生定量资料来增强并使他们的研究合法化。虽然我们能问“仅仅通过对各种犯罪行为和事件进行总计，犯罪（或任何特殊种类的犯罪）是否能够被合理地描述成一种现象”（参见 Maguire，1994：237)，对一个问题进行简明、貌似权威的论述并需要我们对这个问题进行回答，在这种情况下，事态是不可能发生很大变化的。说到这些，可能有太多的犯罪调查花费了我们宝贵的时间和资金，但脱离了更基本的研究。我们已经记录了因没有对集合统计的解释和理解足够重视而产生的限制。因此，既需要进行细心详尽的调查研究，又需要“坚持测量”。

自20世纪50年代起（那时仅有官方统计是可用的），或甚至20年前，我们在测量犯罪和犯罪人方面已经取得了可喜的进步。此外，这种进步并没有局限在本地区或国家的范围之内；尽管存在困难，但国家间的对照工作已经开始。以一个现实主义者的观点来看，多少年来不顾一切的对犯罪暗数的寻求已经产生了结果。例如，在美国和欧洲，我们现在有正规的被害调查，如英国犯罪调查（BCS）。尽管他们像犯罪和犯罪人的测量一样也有局限，但是他们在提供给官方统计各种各样的、更多更好的信息方面取得了可喜的进步，并且与这些方面相关的其他进步也正在发生。高质量的自我报告调查也显示出系统化、周期性的前景，这样，就会提高我们知识的普及性和犯罪测量频数的整体水平。我们对此表示欢迎。在某种程度上，我们已经能够对某些关键的模式和趋势进行分析，这在过去是不可能的。然而，那些特殊的调查研究和理论工作也需要为我们提供关于模式和趋势的更加满意的解释。其他种类的调查和数据对于大量没有列入官方统计的犯罪暗数尤为重要，被害调查和自我报告研究就可以将诸如白领犯罪、家庭暴力和性虐待问题统计在内。

### *犯罪病因学的转移*

“病因学”（原因科学）一词来源于医学，就像用在犯罪学和越轨社会学的其他词汇一样，如流行病学、流行病等。这些术语表面上是诊所模式的遗赠物，在这种模式下，越轨和犯罪行为被看做是个体失常的表现，犯罪人正在遭受一种类似疾病的痛苦（个体病理学定义）。这种定义在当代犯罪学学科至少对于大多数的犯罪人而言有较少的共同之处；这当然部分归因于我们在本书中已经揭示的一些研究。人们不再可能把大多数犯罪看成是群体意志的理性判断，而是“有缺陷的”个体。犯罪不仅蔓延并且似乎是忠于有广泛特征和背景的个体。那么，毫不惊讶，早期的自我报告研究将会指出，如果大多数人在某种程度上与犯罪行为相关，那的确没什么可解释的了。当然这种观点是表面的、肤浅的，因为在频率和犯罪行为的严重性方面确实有大量的变化，这在早期的研究中有时是模糊的。

然而，在 20 世纪 70 年代的英国，犯罪原因的寻求作为主要的学术观点已经失去宠爱。一个原因当然是官方统计的批评，并且 20 世纪 60 年代的自我报告研究削弱了犯罪学家对他们的数据的信心。如果不能信任官方统计，自我报告研究也有自身的问题并且似乎是出现了一些让人难以相信的结果。最后，要解释一些事实，如果没有那些事实，了解以前的情况是困难的。随着 20 世纪 60 年代新的理论观点的出现，提出旧的观点强调病原学和犯罪的测量方法无论如何都是错误的观点。例如，标签理论把犯罪行为看做是大众授予个人或群体的一种身份地位，而不是个人或他们的行为与生俱来的特性。应该研究他们犯罪行为的过程，而不是研究犯罪人本身或他们的行为。标签理论和激进观点都强烈地指出，犯罪定义本身是一个政治过程，这个过程反映了社会广泛的权利和财富的结构。没有批判地去接受某个主旨定义似乎是一个极大的错误。早期激进犯罪学发现，穷人意图反抗社会给予他们的不平等，这是毫不奇怪的。询问这些人反抗的原因就像问为什么罗宾汉（Robin Hood）给予诺丁汉警长（Sheriff of Nottingham）那样一个困难时期，或者为什么人们没有交人头税，答案是明晰的。更具有价值的调查是建立在社会之上的大量的不平等和剥削在某种程度上产生犯罪和犯罪人的方式，犯罪和犯罪人又反映并增强了社会的哪些特征，并且在批判那些被压制的、根源在于其他方面的问题是有效的。犯罪资料的传统形式和焦点在于病原学，尤其是在个人层面上，看起来似乎是部分或整体神秘化的一个过程，这个过程把个体看做问题来鉴别，而不是社会和它的政治经济问题。

进一步地对病原学重要性的抵触可以在那些对主张越轨和犯罪行为持欣赏立场的人们中发现。马特扎（David Matza，1969）在他有影响的一本书中主张，关注病原学的传统观点几乎排除了所有提倡矫正主义的观点。矫正主义者高度关注预防、减少或消除犯罪现象。受到质疑的犯罪行为原因的发现被看做是矫正事业的关键。Matza 认为，这个系统化的观点妨碍了人们理解犯罪现象的能力。这在广泛越轨社会学方面的任何尝试都是一个主要的缺陷。他主张，我们应该视其为我们应该鉴赏的多样性，来代替将越轨行为视为需要矫治的观点。欣赏，是对我们所研究的东西没有偏见的理解的一种形式，可见，正确评价没有在定量资料上花费很多的时间；在直接熟悉社会的那些研究中，定性方法（如参与观察）和定性资料显然是最先使用的方法。

马特扎（David Matza）的观点仅仅是现在强烈地反对定量研究的例子之一，这种观点在现代越轨社会学中也有所体现，它也没有时间去寻求传统的病原学。那样的寻求在某种程度上，由于龙勃罗梭项目过渡的迷惑而羞辱了自己，并且经过多年的努力却没有得到相应的回报。在英国，我们之所以摒弃对病原学的寻求，社会学家倾向于诸如越轨反映这样的话题，在犯罪学家之间，如内务部的那些人，实际上更关心诸如情境犯罪预防这样的话题。然而，在美国，对犯罪原因的寻求是没有衰退的。我们花费了大量的时间、金钱和努力并常常采用自我报告的手段来检验不良行为与犯罪的理论。这里，我们找到了趋于支持诸如控制理论方法的证据，这些证据经常和来自其他观点的要素结合在一起（参见 Elliott et al.，1985）。

### *回归病因学*

我们并不认为病因学研究在英国20世纪70年代完全消失了。显然，它照常是大多数研究者的工作——例如，法灵顿（参见 Farrington，1994）的《人类发展和犯罪生涯》。我们仅仅提出，那个时期病因学事业出现一种游离的趋势或潮流，尤其是在社会学家之间，然而，有证据表明，近几年人们的兴趣又重新回归到这个话题。以下两个例子可供证明。

第一，来自内务部研究处关于犯罪理性选择理论所做的工作。情境犯罪预防的早期工作因为不能独立地处理替代作用的问题，已经被完全证明是有局限性的（情境措施仅仅是把许多犯罪从已经制定了措施的地方转移到其他地方或时间或转换成其他形式的犯罪）。因为它不关注犯罪人，而仅仅是犯罪行为发生的环境，单单一个情境观点不能指出，当犯罪人面对预防措施时将会怎样行为。理性选择理论试图通过观察犯罪人在面对特殊情境时作出的犯罪决意的方式来填补这种缺陷，并且这种决意和特殊的犯罪类型相关。所以，他们标志着收集来自犯罪人和犯罪行为的数据的重新回归。这样的观点是有价值的，因此他们重视了解犯罪人某些方面的观点。然而，他们一般不过分关注把他们和参与者置于广阔的情景下的那些决策过程，也许他们首先关心这些能够控制犯罪产生的直接的情境措施。

第二，左派现实主义学派的工作具有很强的影响力。杨（Jock Young）和他的同事敦促重新回到病因学（参见 Young，1986）。杨（参见 Young，1994：74）也主张在许多国家中（并且在他们的犯罪学中）存在着“病原学危机”——这归因于“物质和社会福利的发展伴随着犯罪和不良行为的上升”。对于杨（Jock Young）来说，这两个进步的共存构成了经历过发展的那些国家和它们的犯罪学家的主要的困惑和挑战。“社会民主实证论”（参见 Young，1994：72）一致认同的观点是“导致犯罪的主要原因之一是贫穷的社会环境”，这与共存的观点显然是不同的，并且犯罪学后来的发展试图与这种危机的观点达成一致（参见 Young，1994：78）。我们已知当代犯罪学四个主要的学派是怎样应对这种危机的。激进犯罪学的一个变化（左派理想主义）和内务部新出现的行政犯罪学否认了危机的存在；只有右派现实主义（参见 Wilson and Herrnstein，1985）和他们的左派现实主义给予足够的理解去接纳它，并且对其进行解释。

并不是每一个人都同意迈耶（Young. J. B. Mays）早期提到的发展与犯罪上升是一致的观点，杨（Jock Young）引用了一位作者的观点去阐释由于正在发生的事情所产生的困惑，并不是每一个人都能完全理解社会与经济环境的提高可能伴随着犯罪率的上升；实际上，他整整用了一章去论述这个问题。在这章中，他深入地描述了由他精心设计的处理这个问题的观点，并且成为了那时传统社会学经典理论的一个重要组成部分——莫顿（1957）的失范理论。同样的，尽管杨（Jock Young）的理论能够帮助我们深入理解发展与犯罪的关系，但是这个观点太笼统，在 20 世纪 60 年代晚期和 20 世纪 70 年代，整个犯罪学家群体正在对其作出“强烈的否定”：“这个否定有许多方面，所有这些方面都共同否定犯罪真正地上升（参见 Young，1994：78）。”我们认为，问题更加复杂。在那个时代，许多人都受到知识动乱的影响，包括对官方统计的批评，许多人不确定那些统计会告诉我们犯罪发展是什么趋势，并且人们开始转向研究他们认为能够得到更多回报的其他问题。结果之一是肯定了我们前面已经讨论过的“病因学的丢失”（参见 Young，1986：19）。事后证明，在那时由不可利用的替代性的数据资料（如英国犯罪调查 BCS 的大量整理）形成了一个不同的理论和政治的议程，把过去那些资料描绘成“明显的”丢失是很容易的。

左派现实主义者所倡导的病原学的回归受到了极大的欢

迎，因为我们需要更多的研究提供给我们犯罪资料来解释犯罪的发展趋势和方式。左派现实主义者强调，“在特定环境中的相对剥夺是产生犯罪的主要根源。也就是说，当人们在资源分配上受到不公正的待遇时，他们就可能试图采用个人主义的方式来改变这种境况”（参见 Young，1994：108）。了解这个观点（这个观点在社会学和犯罪学中决不是一个新的观点）是怎样根据研究的发展而发展的，这将是很有趣的。另外，尽管目前工作具有刺激性和重要性，但我们可以肯定地说，左派现实主义者实际上不能从事像公司犯罪这样的领域的研究。如果想要进行研究，那么他们的一些方法和研究的兴趣点需要进行修改（参见 Pearce and Tombs，1992）。这种认识似乎给那些实际上更趋向关注传统犯罪或普通犯罪的观点增添了分量。我们可以说这本书主要关注那些能够把犯罪问题清楚地显示出来的犯罪资料的形式。就像我们已经提到的其他种类的资料，如常常通过其他监管机构（例如，在环境污染与健康、贸易标准、广告、健康和安全工作、税收这些领域）处理的那些与犯罪相关的数据资料将会产生相当不同的情形（参见 Box，1983）。并不是所有这些罪过都需要由刑罚定义为或看做是犯罪，但这也不意味着真正的犯罪定义不会受到争议。

为了弄明白犯罪数据资料，我们应该采用一系列的观点。一旦细心地、批判性地采用各种可利用的犯罪数据资料，对犯罪方式和趋势的解释就能发生诸多不同的作用。毫无疑问，我们可以通过对诸如理性选择理论、情境预防理论和控制理论三者的观察中得到一些启发。但是，我们也需要一个更广阔的观点，就像左派现实主义和其他人所主张的，这种观点能够把人们的经历和他们当时所处的情境结构联系起来。最终，为了提供更广阔的景象，我们需要了解犯罪的政治经济状况（参见 Taylor，1994）。为了取得成就，在英国，我们需要了解长期的、大量的政策对犯罪的影响，这些政策强调对自由市场、自我帮助和国家干预的需要。我们需要明白高失业率、不断扩大的收入和财富的不平等的影响。我们感觉到这些情形对于在证券交易上还没有出现的某项事业的发展创造了一种理想的环境。最终，我们回到整个社会方面或重要的群体之间。例如，一些犯罪学家发现，莫顿（Merton）的失范理论如果采用它最初的目的（经常被忽视）——为了了解社会中严重犯罪的犯罪率更多更明显的不同（参见 Rosenfeld and Messner，1995）——是值得发展的。这种结构框架也需要弄清最近 10 年英国和其他国家犯罪的增长情况。虽然把许多犯罪人的犯罪行为看做是理性选择也许是有帮助的，但是他们所有的行为是在那样一个广阔的情境下，以至于这些行为可能不是他们自己的选择。

### 结束语

在本书的第 1 章我们已经描述了关于犯罪统计的三种观点：现实主义者（不要和左派现实主义相混淆）、机构主义者和激进主义的观点。在该章的最后，我们指出了我们自己的看法，我们的看法更接近最后两章而不是第 1 章。然而，这本书的大部分是由现实主义的一些基本问题构成的，主要是犯罪数据资料能够告诉我们关于犯罪本质、程度和分布的程度的问题。这样一种观点，在政治学、大众媒体和市民社会里总是占据统治地位的。它也是在犯罪学家之间占据统治地位的观点。对于这种观点我们不能给予系统性的介绍将是本书最大的缺憾。“数据资料”这个术语字面上的意思是“给定的事物”。我们希望在本书中已有足够的论述来指出，我们已经讨论的数据资料不应该被当做给予的事物来接受，而其往往是反映权力尺度的社会结构的产物。不管怎样，这三种观点都是能够协调的。现实主义者认为，如果他们足够虚心，那么他们就能从其他两种观点所提的问题中学到很多东西。

## 总　结

来自官方统计，自我报告研究和被害调查的数据资料需要通过特殊的调查研究加以补充，那些特殊研究作出了出色的贡献，它们提供了更多的关于犯罪行为和犯罪人种类的定性方法和数据，而那些犯罪行为和犯罪人并没有得到任何这三种资料的较好的服务。犯罪数据资料的知识使我们认识到不要去接受政治家关于法律和秩序的观点的表面价值。对那些数据资料有效性的评估需要考虑到它们产生的环境，并且考虑它们可能应用的目的。集合统计对于讨论犯罪问题仍然是受到推崇的方法，并且集合统计在分析犯罪的广泛方式和趋势时已经取得了很大的进步。在英国，许多年来有些忽视对那种方式和趋势的解释。对这个任务我们应该提倡一个广泛的、基本的方法，这也许包括社会的和全球的分析。最后，我们总结到现实主义、机构主义和激进主义的观点对我们了解犯罪数据资料都作出了贡献。

## 进一步阅读的文献

我们应该关注在这本书中还没有被系统测量的那些调查研究和其他种类的犯罪数据资料。也许我们应该从《牛津犯罪学手册》（参见 Maguire et al.，1994）学起。由 Nelken 撰写的关于“白领犯罪人”的那章，可以看做是我们把这本书的焦点集中在数据资料的形式而忽视的一个方面的例子，由 Young（1994）撰写的关于《犯罪学当代范例》被推荐为现代理论发展的一种观点和这门学科的重点。由 Taylor（1994）撰写的那章阐明了“犯罪的政治经济”是什么意思。在《牛津犯罪学手册》的所有章节里，都有众多供我们进一步阅读的参考书目的提示。

# 词汇表

**行政犯罪学** 这个术语常常用来描述那种主要关注相关政策的研究，旨在控制和减少犯罪并提高刑事司法体系效力的犯罪学。

**病因学** “病因学”是来自医学的一个术语，指的是一个有机体中疾病发生的原因（或者关于这些原因的知识）。它已经被引进犯罪学并经常指导致犯罪和越轨行为发生的原因。

**犯罪—年龄 曲线** 由在特定年龄的不同犯罪的高发率产生的。例如，在官方的数据资料里，它是一个不同形状的曲线图：在犯罪的高峰年龄急速地上升，随后缓慢地下降。它使我们看到哪一个年龄群体与犯罪行为最相关。

**年流行率** 见流行率。

**失范** “失范”是迪尔凯姆（Dukheim）在自杀率分析中的一个关键的概念，随后在莫顿（Merton）的失范理论中得到应用和发展。

**欣赏性立场** 由马特扎（Matza）倡导的强调深入理解社会现象的重要性，没有偏见地看待正在研究的事物，与矫正主义者的观点相对。

**亚洲人** 常常用来区别那些看起来起源于或是来自亚洲大陆的后代的那些人。人们通过种族起源来自我分辨。例如，在监狱统计中（从 1992 年 10 月开始），在英国的语境中亚洲人被用作一个广泛的类别来描述那些自认为是印度、巴基斯坦人或孟加拉国的后裔的那些人，而不论他们的出生地是否在英国。

**黑人** “黑人”是根据特殊的皮肤颜色或种族起源来描述

或区别人们的一个术语。它被作为一个专业术语来区分白色皮肤或非白色皮肤（黑色）的人，或者把皮肤颜色分成白色、黑色、亚洲或其他的种群。后一区分一直用到 1992 年 10 月，由内务部来描述监狱犯人的种族构成。监狱统计采用了人口调查和其他调查研究采用的区分标准，在这些调查研究中，人们通过种族起源来自我分辨。这里，黑人被用作一个广泛的分类，用来描述那些自认为是非洲黑人或是加勒比海后裔的那些人，而不论他们的出生地是否在英国（HOSB 21/94）。

**黑市**　黑市，是指从事非法的商品或货币交易，尤其是违反政府的控制和物品的配给。

**“支持者”样本**　“支持者”样本，是指被调查的亚群体的人口构成。例如，少数种族群体和青年，他们对研究特别感兴趣。在样本中，他们人数的增长导致我们考虑单独分析与他们相关的数据资料。

**时间控制手段**　时间控制手段，是指通过提供时间界限试图减少延伸误差错误。例如，“自从去年圣诞”，“自从离开学校”。

**精确计算失业者**　失业的狭义定义，它常常用来计算失业率。只包括那些积极寻求并声称自己能胜任那份工作的那些人，这些人积极寻找工作是为了能够获得某种社会安全利益的资格。例如，它将那些生病的人和单身父母排除在外。

**阶级**　“阶级”是在社会阶层研究中采用的一个概念，它指的是对生产、分配、交换体系所形成的占有关系的人的分类。在许多调查研究中，基本的衡量措施是个人或家庭的社会经济地位或职位。在英国，阶级常常通过群体或个人所登记的职业来分类。

**犯罪分类**　犯罪分类，是指警察部门对已立案的犯罪分成特定的犯罪类型。

**“侦破的”犯罪**　“侦破的”犯罪，是指如果某人因一犯罪行为被控诉、传唤或警告，或这一犯罪行为被法院承认可以合理考虑，或者有足够的证据去控诉一个人但审判程序并未进行（例如，因为罪犯未达到刑事责任年龄，或正在服长期监禁刑，或被害人不能提供证据），这样我们就可以认为犯罪行为已被破获。

**破案率**　破案率，是指用来表示警方已记录的犯罪行为比例的百分数，已记录的犯罪行为也可以被描述成已破获的犯罪行为，通常也叫做“侦查率”。

**冲突理论**　“冲突理论”通常是用来描述特定观点的一个术语，这个观点把社会的特征看成是冲突的而不是一致的。例如，刑法的制定和实施极大地受到社会权利和利益结构的影响（见 Quinney，1970）。

**控制理论**　这个理论认为，当社会纽带对传统社会秩序的控制力减弱时，人们更易于实施犯罪和不良行为。

**公司犯罪**　公司犯罪，是指由代表公司利益的决策机构或由公司法人实施的犯罪行为，通常被看做是白领犯罪的一种类型。为了把与公共和私人机构相关的犯罪也包括在内，有时也叫做“组织的犯罪”（在合法组织中实施的犯罪）。

**矫正主义观点**　用于研究违法和犯罪行为的一种观点，这种观点极其关心预防、管理、减少或消除犯罪现象。它们的焦点通常集中在诸如病原学、不同策略的作用和为了达到目标所采取的措施等方面。

**典型研究设计**　在一个特定的时间点收集所有数据资料的一项研究设计。当然，收集的这些数据资料是关于过去发生的事情的资料，但是它的有效性依赖被调查者的记忆。

**“故意漏掉的犯罪”**　“故意漏掉的犯罪”，是指警方故意没有把犯罪作记录的行为。

**文化越轨理论**　这种理论认为，犯罪或越轨行为是在对反常的规则和价值的学习过程中产生的。

**犯罪暗数**　犯罪暗数，是指没有记录的犯罪数量或没有破获的犯罪人数，也就是说官方统计没有包括的那些犯罪。

在本书中，这个术语的使用也具有一种定性的意义，指的是对那些没有记录的犯罪或犯罪人的特征的描述。

**少年犯罪** 少年犯罪，通常是指违反法律（经常是青少年），但有时更广泛地用作任何青少年的不法行为。在美国，“身份犯”仅指那些在特定年龄阶段的人才会实施的犯罪行为。

**越轨加剧** 这个概念试图表明，社会对越轨行为的诸多反映方式可能导致越轨行为的增加而不是减少。

**越轨行为** 违反规则的行为被一些社会群体接受或模仿，它的涵盖范围比犯罪宽。

**被发现的犯罪** 被发现的犯罪，是指公众或警察意识到或确认犯罪已经发生，或正在发生。由于各种原因，这种确认并不总是一个简单的事情。

**犯罪转移** 情境犯罪预防措施产生了一个可能的结果，一些犯罪仅仅是转移到了其他地方、其他时间或以其他形式的犯罪出现，而没有得到预防。

**生态学谬论** 它错误地假设统计学的相关性来源于集合数据资料，并且有必要从个人的角度区别相关性（例如，犯罪人的特征）。

**应用犯罪学** 应用犯罪学，是指主要致力于控制和减少犯罪以及为改善刑事司法系统效率而进行相关政策研究的犯罪学。

**指标犯罪** 在犯罪统一报告中，在全美范围内以一种统一的方式定义和统计的 8 种最严重犯罪，其目的是为随时间流逝和不同地区之间的对比提供根据。

**激进现实主义者** 激进现实主义者，是指与激进理想主义者相对，20 世纪 80 年代在英国出现的一群犯罪学家，具有社会民主主义倾向（例如，Young，1986；1992；1994）。他们宣称，对于犯罪采取“现实主义”态度（即将犯罪和人们对犯罪的恐惧想得很严重），并与地方政府合作，进行了大量区域犯罪调查。

**反应偏差** 反应偏差，是指特定类型的回答者以特殊方式回答某些调查问题时产生的非随机的测量误差。这会在数据中产生对于某些事项的系统的高估或低估。

**无被害人犯罪** 无被害人犯罪，是指没有通常意义上明显的或实际的被害人，如毒品犯罪、卖淫和自愿性行为。

**教育因素** 被调查者的教育水平与他们报告的被害呈正相关的关系，暴力犯罪更是这样。反映偏见对被害调查有重要的影响。

**流行病学** “流行病学”是来自医学的一个术语，指的是在大量人口中，对疾病的程度、分布和传播进行研究的一门知识。它已经运用到犯罪学和社会学中，是指对现象（如犯罪）的广度和分布进行的研究。

**认识论** 它的本质是一种哲学认识，它研究知识是怎样取得、检验和证实的，以及理解这些知识的局限性。关于这个问题有不同的观点，这些观点导致了犯罪学研究的不同的概念。

**种族学研究** 这种研究通过像参与观察这样的方法，试图获得对社会结构和社会生活目标的深刻和具体的理解。

**民族主义方法学** 一个社会学的观点，它的焦点集中在人们运用实用推理、常识（经常是默认的）和语言等来完成一系列的行为的方式，包括运用报告和官方统计的成果。

**评估研究** 研究的目的是评估一些政策的有效性或影响，如目标加固。

**以往各种测量** 这些措施有时用在自我报告的不良行为的研究中，目的是为了确定被调查者曾经实施的不同类型的犯罪的规模。“去年各种测量”衡量在过去一年中犯罪的规模。

**经验研究** 这种研究方法试图反映自然科学采用的方法……然而，在一个试验设置中，利用人作为对象关系到实际和种族的问题。

**女权主义犯罪学** “女权主义犯罪学”是一个宽泛的术语，常常用来描述那些来源于女权主义观点的研究。这种研究呼吁人们改变对女性和犯罪问题的忽视，批判了那些采用不能令人满意的方式进行研究的人，并且把女性看做犯罪和被害人进行研究，这没有扭曲或忽视她们的经历。

**民众犯罪** 民众犯罪，是指一类或一群人，或一个特定的个体，他们代表着罪恶或是一个特殊问题的具体化。描绘这样一个或一群人被看做是与固执和替代因素相关的。

**犯罪数量** 犯罪数量，是指在一个时期犯罪或定罪的数量。犯罪率（通常也称作整体犯罪率）是指在一定群体和时空内犯罪数与人口总数之比，或者用万分比表示。

**羁押获释** “羁押获释”是警方运用的一个术语，它是指由于犯罪行为一直未处理，因此把逮捕的犯罪人从监狱释放。

**整体犯罪率** 见犯罪数量。

**政府项目** 由国家实施的具有长期传统的调查。这个调查通过监视犯罪方式、警察、法院和监狱，旨在提高刑事司法和人口管理工作。

**发生率** 在医学中，发生率，是指在特定的时空条件下，发病人数或新出现的病历与总人口数之比。虽然有时候与犯罪学中的用法相似，但通常更加广泛地用于一定时期的犯罪率（或被害率）方面。

**指标犯罪** 这八种严重犯罪构成了统一犯罪报告的一部分，为了给它们跨越时空的比较提供基础，美国对这八种严重的犯罪都采取了统一的定义和记录方式。

**可起诉罪** 可起诉罪，是指由刑事法院（英）审讯的犯罪，虽然初审常常在地方法院进行。

**个体病理学** 这个概念指出按照个体病变（如生理缺陷或精神病）的说法，犯罪和越轨行为是可以了解的。

**制度学派观点** 这个观点强调官方犯罪统计是社会的构

造，是一系列社会和组织的程序和相互作用的产物，而不是衡量犯罪和犯罪人的措施。

**已知犯罪人** 这个术语通常用来描述已发现有罪的犯罪人或受到警告的犯罪行为。

**标签理论** 研究越轨行为的社会学方法，此观点的焦点在于对越轨行为的定义，社会对越轨行为的反映，以及这些反映产生的结果。所以，它关注标签的根源和它们的影响。

**去年各种测量** 见以往各种测量。

**左派理想主义** 由左派现实主义采用的一个术语，指的是那些“左”的犯罪学家深受标签理论的影响。左派理想主义过分关注政府和它的机构在犯罪研究中的作用。并且缺少对犯罪原因和犯罪增长的关注，而这些犯罪原因和犯罪的增长是与个人的地位结构密不可分的，结果这种观点成为许多犯罪和犯罪人的罗曼蒂克的、不现实的观点。

**左派现实主义者** 在20世纪80年代的英国，随着社会民主政治的确立而出现的一群犯罪学家（参见Young，1986，1992；1994）。他们主张关于犯罪应采取现实主义的观点（真诚地接纳犯罪和人们对它的恐惧），并且他们和当地权力部门合作，开展了许多当地犯罪调查。

**生活史调查** 在调查研究中收集来自个人（通常仅1人）的具体的信息，这些信息主要集中在他们的生活、经历和这些人怎样对这些信息进行解释上。

**区域调查** 小范围的被害调查主要关注特定的地区或亚群体，如城市内部或少数种族群体。他们较少关心犯罪的发展趋势或较少与官方统计相比较，他们更关注具体的问题和经验。

**龙勃罗梭主义研究** 这个计划试图发展一种关于犯罪和犯罪人的科学理论，其基本假设是将犯罪人从非犯罪人中区别开来。例如，根据他们的生理或心理特征进行区别。

**纵向设计或研究** 例如，在一个研究设计中，对同样个人构成的群体通过一定时期的跟踪调查，能够收集到许多不同阶段的数据资料，也叫做群体研究。

**男女性别比** 男性犯罪人的数量与女性犯罪人之比。它用来证明男性和女性对犯罪的不同影响。

**测量误差** 通过一些因素把非样本错误引入调查数据资料中，如记忆衰退和收缩 Telescoping。这些错误常常归因于反映偏见，手段错误并不是任意分布的，在这种情景下，他们对调查的数据资料的确定性有重要的意义。

**默顿的失范理论** 根据各种越轨行为的发生率设计的一个有重要影响的理论框架。莫顿认为（1957），尽管社会强调财富的成功，但是没有相应地强调达到成功的合法手段，可能引起严重的失范。这将产生越轨行为的高发率，尤其是在低社会阶层的那些人中，这些人通过合法手段达到目标的机会受到了限制。社会失范理论通常被看做是紧张理论的主要理论之一。

**道德恐慌** 这个概念指出，社会对一些社会问题、环境或一件事情的反映是过分草率的，非法断定的，问题大小和威胁程度的判断是不成比例的。与这些问题相关的一些概念可在 Waddington（1986）找到。

**道德统计学家** 19 世纪统计学家的一个群体，他们试图对道德（社会）现象提供定量的方法和技巧，这些方法和技巧在自然科学中已得到充分发展。

**街头抢劫** “街头抢劫”这一术语常常被用来描述在街头抢劫个人财产的犯罪行为（犯罪统计学把抢劫罪定义为：在盗窃中或盗窃前对被害人当场使用暴力或威胁使用暴力的犯罪行为）。街头抢劫自 20 世纪 70 年代以来就是一个有争议的问题，那时认为街头抢劫与道德恐慌和黑人青少年相关。

**多次被害** 多次被害也叫做重复被害，它发生在同样的个人或家庭在相对短的时期内经历了许多被害事件的时候，如一个家庭重复被盗的时候。调查可能会低估多次被害，因为每个调查者对被害事件的回顾都会受到限制。多次被害通常也包括那些被看做某人生活中不断反复的事件，如家庭暴力和性虐待，而不是那种由被害调查统计的偶尔发生的被害。被害调查也有可能低估调查的数据资料，因为他们不能完全回想起发生的每一次被害事件，他们也没有认识到这些被害事件就是调查者想要的。“连续被害”有时和第二种多次被害相区别。

**国家犯罪调查（NCS）**　美国和英国的犯罪调查基本上是相同的。NCS是建立的第一个国家被害调查。

**国家调查**　大规模的被害调查试图得到对整个国家具有代表性的数据资料，如英国犯罪调查（BCS）和国家犯罪调查（NCS）。这个调查的设置是为了易于和犯罪统计所记载的犯罪作比较。他们通常周期性地重复是为了揭露所报告的和记载的犯罪行为的发展趋势。

**“非罪案件”**　行为起初被记录为犯罪，但根据进一步调查和由内务部制定的规则，警方在再次统计中没有列为犯罪。

**调查无应答**　被选做样本的那些人因为拒绝参加或不能控制的原因而没有被采访。作为一个群体，无被调查者是重要的，因为他们与真正的调查者可能有不同的特征和经历。

**“非陌生人”犯罪**　“非陌生人”犯罪，是指犯罪人和被害人之间存在关系的犯罪行为。这些犯罪行为（如家庭暴力和一些性犯罪）在官方统计和调查的数据资料中很可能被低估，因为被害人不愿意报告或揭露这种犯罪行为。

**应报告犯罪**　内务部要求警方呈报他们还未掌握的犯罪数据，这就形成了公开的犯罪统计的原始数据资料，他们能最大限度地预测和判断犯罪行为。

**混合犯罪类型**　几种犯罪类型的混合物，在地区之间他们的构成会变化很大，他们会对警方产生不同的问题。

**道德犯罪**　在第二次世界大战期间引入这种犯罪是为了防止公众气势受挫。例如，发表与战争相关的言论，这“很可能导致恐惧和失望”（参见 Smithes，1982：7）。

**犯罪人数据库** 由内务部控制的一个很大的数据库，这个数据库详细记录了英格兰和威尔士从 1963 年到现在所有已判决的犯罪记录，但不包括警告。

**官方统计** 由官方统计编撰的统计数据，如警察部门和法院，通常为国家权力部门发表信息服务。

**专题群体数据的效力** 一些数据资料的作用，这种数据资料是在一定时期反复收集同一调查者的信息而得到的。例如，出现信息量下降的情况是因为被调查者热情的下降。

**参与观察** 当研究者参与被调查者的生活或环境时，采用公开或隐蔽的手段收集可观察到的数据资料的一种方法。

**犯罪高峰年龄** 犯罪高峰年龄，是指在总人口中犯罪发生率最高的年龄。例如，现在男性的犯罪高峰年龄是 18 岁，这就意味着每 10 万人口中，18 岁的犯罪人比其他年龄的犯罪人更多。

**个人消费** 每个人每年花费的平均数量。它是衡量一个国家经济繁荣的指标。

**实证主义** 这种观点通常是指自然科学的假设和方法对于社会科学是一个合适的模板。实证主义者提出“那些假设和方法（这些假设和方法在自然科学中比在其他领域的应用更易于变化）是什么”的问题，并且这两个方面在每个学科中都有不同的含义。他们已经受到了批评，并且在实践中能够利用很多的方法以至于成为他们困惑的一个原因。

**邮政地址文件（PAF）** 英国被害调查推崇的抽样设计。它优先用于电子注册，因为其有不断更新的特点，并且不会太冗长。

**预测效度** 预测效度，是指根据现在的情况（如自我报告的不良行为）预测未来发生的相关事件（如正式定罪）的能力。

**流行率** 衡量数量的尺度，或曾经实施的某种犯罪行为或已定罪的犯罪行为（“曾经”或累计发生率）的人口百分比（发生率），或在一特定时间内的犯罪数（例如，如果时间是一年，就称作“年发生率”或每年发生率）。这个术语也用来计算被害人数或被害百分比，犯罪的一次被害或多次被害（被害发生率）。

**首次破案和其次破案** 过去，首次破案，是指那些通过控告、传票和警告完成的案件，其次破案是通过其他方法完成的破案。最近，审计委员会采取了一种不同的方法，其次破案仅仅包括警方先前还没有记录而已“合理考虑”的犯罪行为，并包括那些因一犯罪行为被控诉或因另一犯罪行为已定罪的那些人（HOSB 5/95：24）。

**重罪原则** 统计学中关于罪犯的犯罪统计，就一犯罪来说，一般被判处或已经判处最严重的刑罚。

**坦白** 坦白，是指一罪犯因其他犯罪行为正在被监禁，在监禁过程中罪犯供述自己的犯罪事实，从而查明犯罪真相。

**职业犯罪** 关于职业犯罪的真正本质有一些不同的观点，但职业犯罪的大体特征一般为：专业和技术程度高，经济目的，行为的组织性，持续时间长和罪犯职业性鲜明。

**定性方法和数据** 在结果中方法和数据并不是主要的统计学的形式，而定性描写和认识才是应该优先使用的，如在参与观察和生活史中用到的方法。

**种族** 根据共同的血统划分的群体或人的类别。这个术语通常用在对三个主要群体的行为和矫正方面进行比较的时候：黑人、亚洲人和白人。对这个术语的运用有一些争论，因为它反映特定的历史、政治和经济环境，这些环境给人们贴上种族标签，对特定群体的种族化产生了重要的影响。

**激进犯罪学** 犯罪学在基本原则、我们对待罪犯的方式和在社会方面发生了基本的变化。激进犯罪学产生于20世纪70年代，深受标签理论和马克思主义的影响。也可见左派理想主义和左派现实主义。

**激进犯罪学派的犯罪统计观**　这个观点强调组织程序和经常性的互动将导致统计学（见机构主义的观点）对社会构建计划的影响。所以，像阶级和权力这样的因素构建了犯罪的定义和应用。犯罪的方式在某种程度上被看做是对这种计划的反映。

**理性选择理论**　关于犯罪这个观点，主要关注人们在不同机会情境下所作的选择和实施的与这种环境相关的特定犯罪类型。

**现实主义学派的犯罪统计观**　“现实主义学派的犯罪统计观”是由 Biderman 和 Reiss（1967：2）创造的一个术语，它是指关注犯罪统计数据代表“发生的真实犯罪”的程度的方法。所以，它把焦点放在像统计的精确度、可靠性和完整性这些方面。从这个观点中，自我报告和被害研究可以看做是更加完整的了解知识的深度和犯罪本质的方法。

**犯罪记录**　警方把一个行为记录为犯罪的行为，这些记录也由他们保管，警方先审查然后看犯罪证据是否存在。

**参照时期**　要求被调查者回顾过去发生的事情，他们回顾过去的事情是在一个具体指定的时期内，如被害调查中一年的时间。

**一般登记分类**　见阶级。

**相对剥削**　“相对剥削”是左派现实主义者运用的一个术语，是指人们在资源分配中处于不公正的地位（参见 Young，1994：108）的境况。关于这个概念更多的讨论和运用它的多种方式可以在关于社会不平等和贫穷的一些文献中找到，如 Runciman（1972）和 Townsend（1979）。

**信度**　信度，是指当使同一目标应用大量测量工具（如自我报告调查的问卷）的时候，这些测量工具可能产生同样结果的程度。

**报案**　报案，是指把已发生或正在发生的犯罪报告给警方的行为。

**回应误差** 回应误差，是指特定类型的被调查者利用特定的方式回答特定的问题时的倾向所产生的非任意性测量错误。这在数据资料中就产生了对确定项体系的低估或高估。

**反向记录核对** 对以前记录（如官方统计）的同样或相关的犯罪行为，通过比较它们的结果来核对一个测量（如自我报告的不良行为）的有效性。

**右派现实主义** 左派现实主义者运用这个观点来描述美国作家的工作，Wilson 和 Herrnstein（1985）重视几十年来犯罪的增长，并认为要对这种情况进行解释。他们的观点来自右派的政治频谱，在他们的论述中强调像个体差异、社会化过程、犯罪的收益和成本这些问题。

**抽样误差** “抽样误差”这一术语常常用来描述抽样产生的结果和整体调查统计产生的结果之间的不同。对于运用少量的相关样本的地方调查，和试图获得稀有事件（如抢劫罪）信息的所有被害调查来说，仍然存在着抽样错误的问题。

**抽样框** 所有被调查者的一个目录，从这个目录中可以抽取样本。例如，电子注册和邮政地址文件。

**间接破案率** 见直接破案和间接破案。

**自我报告研究** 自我报告研究，是指通过直接询问人们与罪犯的关系，来研究犯罪和其他的违规行为的方法。

**性别** 在第 5 章中，“性别”这一术语首先用来指性，因为我们正在讨论和犯罪统计的实际相符合的男性犯罪人和女性犯罪人之间的不同。

**情境犯罪预防** 情境犯罪预防，是指通过改变有可能产生犯罪的环境特征，试图减少犯罪的政策。例如，加固锁和门闩以及改变环境设计。

**社会解组** 城市社会学芝加哥学派采用的一个观点，是指在一个社区里行为和文明的稳定或共同标准的缺失和社会制度的瓦解，导致了儿童社会化的失败和社会控制的弱化。

**标准犯罪目录** 犯罪人数据库里记录的犯罪行为。它们包括所有可起诉的和“任一方式可判定的”犯罪行为，还有许多更严重的简易审决的犯罪行为。

**紧张理论** 这种观点认为，犯罪或越轨行为是个人或群体在面对挫折、矛盾或其他问题时产生的。莫顿的失范理论常常被看做是一个社会紧张理论。

**简易审决罪** 简易审决罪，是指进入庭审阶段，由地方法院审判的犯罪行为。然而，许多机动车犯罪确定的审判程序被取代（如在停车罚款的情况下）。

**目标加固** 一种情境犯罪预防措施，如合适的加固锁和门闩。

**延伸误差** 在具体时期对过去发生的事件的调查研究中，在这一特定时期之内或之外发生了不恰当的事情，如犯罪。

**检验——再检验程序** 给予一组研究对象研究的工具或手段，然后在以后的一个时间把这些工具或措施应用于同样的研究对象，以此来对测量工具进行可靠性的研究。对比这两次设置产生结果的关系程度。联系越紧密，通常认为采用的工具的可靠性越大。

**TICs（合理考虑的犯罪）** 对于被告人坦白的其他犯罪行为，法院再判决时“可以合理考虑”。

**可选择管辖的犯罪** 可选择管辖的犯罪，是指地方法院或巡回法院都可审判的犯罪行为。

**三角测量法** 在调查研究中不只使用一种方法或一类数据，因此可以使用各种方法或数据来取长补短。

**下层阶级** “下层阶级”是由美国 Myrdal（1962）首先创造的一个术语，用来描述处在经济边缘化的社会成员。这个术语在英国有两种不同的用法：第一，用来描述因遭受贫穷而处于社会底层的成员，这种贫穷是长期的，依赖政府福利受益并排斥他们完全的参与社会；第二，是那些因贫穷而被社会疏远的和“不能接触的”亚群体。根据 Garnider（1995：372）的说法，这个术语的运用“在没有严格的经验证据的支持下已经泛滥了，并且这个术语的运用超出了通常说法的限制”。

**失业率** 在一定人口中衡量失业水平的手段，失业率可以用多种不同的方法计算。在英国，“官方”失业率是通过确定的求职者的人数而计算出来的，这种计算低估了已经达到工作年龄但没有求职的人数。

**犯罪统一报告（UCR）** 类似于美国由联邦调查局（FBI）编撰的犯罪统计。它们包括所有的由警方记录的主要犯罪行为。

**效度** “效度”是考察利用程度的一个术语，但在本书中常常是指对意图和想要测量的手段和数据资料所进行的真正的测量程度。

**被害调查或研究** 被害调查或研究，是指要求一般公众样本回忆在最近一段时间内遭受的犯罪行为，以此来调查犯罪的一种方法。

**被害人学** 被害人学，是指从被害人的角度而不是犯罪人的角度进行的犯罪研究。

**白人** 根据人们的皮肤颜色或种族血统对人们进行的描述或分类。它也可以作为一类术语来区别那些白色皮肤和非白色皮肤的人或亚群体中的一员。例如，警方利用大量的分类来记录白色皮肤/种族面貌的所有人，以使他们服从终止和调查程序，其中的一个分类就是“白种人”。像在监狱统计学里人们运用种族血统自我分类，白种人被作为一种分类，用来描述那些自认为是欧洲后裔的人，不管他们的出生地或国籍怎样（HOSB21/94）。

**白领犯罪** 白领犯罪，是指“由那些值得尊敬的人和具有较高社会地位的人，在他们的职业活动过程中实施的犯罪行为”（参见 Sutherland and cressey，1960：40）。这个概念的具体问题和最近的研究，见 Nelken（1994），也可见公司犯罪。

# 参考文献


Adler, F. and Laufer, W. S. (eds) (1995) *The Legacy of Anomie Theory*. New Brunswick, NJ: Transaction Publishers.

Akers, R. L. (1964) 'Socio-economic status and delinquent behaviour', *Journal of Research in Crime and Delinquency*, 1: 38–46.

Anderson, S., Grove Smith, C., Kinsey, R. and Wood J. (1990) *The Edinburgh Crime Survey*. Edinburgh: Scottish Office.

Anderson, S., Kinsey, R., Loader, I. and Smith, C. (1991) *Cautionary Tales: A Study of Young People and Crime in Edinburgh*. Edinburgh: Centre for Criminology, University of Edinburgh.

Ashworth, A. (1992) *Sentencing and Criminal Justice*. London: Weidenfeld and Nicolson.

Atkinson, M. (1978) *Discovering Suicide*. London: Macmillan.

Aubert, W. (1952) 'White collar crime and social structure', *American Journal of Sociology*, 58: 263–71.

Aye Maung, N. and Mirrlees-Black, C. (1994) *Racially Motivated Crime: A British Crime Survey Analysis*, Research and Planning Unit Paper No. 82. London: HMSO.

Barclay, G. (ed.) (1995a) *Digest 3: Information on the Criminal Justice System in England and Wales*. London: Home Office Research and Statistics Department.

Barclay, G. (1995b) *The Criminal Justice System in England and Wales*, 3rd edn. London: Home Office.

Beirne, P. (1993) *Inventing Criminology: The Rise of 'Homo Criminalis'*. Albany, NY: State University of New York Press.

Belson, W.A. (1975) *Juvenile Theft: The Causal Factors*. London: Harper and Row.

Bennett, T. (1979) 'The social distribution of criminal labels', *British Journal of Criminology*, 19: 134–45.

Bennett, T. (1988) 'An assessment of the design, implementation and effectiveness of neighbourhood watch in London', *The Howard Journal*, 27: 241–55.

Berger, A. S. and Simon, W. (1974) 'Black families and the Moynihan report: a research evaluation', *Social Problems*, 22: 145–61.

Biderman, A. D. and Reiss, A. J. (1967) 'On exploring the "dark figure" of crime', *Annals of the American Academy of Political and Social Science*, 374: 1–15.

Black, D. (1970) 'The production of crime rates', *American Sociological Review*, 35: 733–48.

Block, C. R. and Block, R. (1984) 'Crime definition, crime measurement and victim surveys', *Journal of Social Issues*, 40: 137–60.

Block, R. and Block, C. R. (1980) 'Decisions and data: the transformation of robbery incidents into official robbery statistics', *Journal of Criminal Law and Criminology*, 71: 622–36.

Bottomley, A. K. (1979) *Criminology in Focus*. Oxford: Martin Robertson.

Bottomley, A. K. and Coleman, C. A. (1976) 'Criminal statistics: the police role in the discovery and detection of crime', *International Journal of Criminology and Penology*, 4: 33–58.

Bottomley, K. and Coleman, C. (1981) *Understanding Crime Rates*. Farnborough: Gower.

Bottomley, K. and Coleman, C. (1995) 'The police', in M. A. Walker (ed.) *Interpreting Crime Statistics*. Oxford: Clarendon Press.

Bottomley, K. and Pease, K. (1986) *Crime and Punishment: Interpreting the Data*. Milton Keynes: Open University Press.

Bottoms, A. E. (1994) 'Environmental criminology', in M. Maguire, R. Morgan and R. Reiner (eds) *The Oxford Handbook of Criminology*. Oxford: Clarendon.

Bottoms, A. E. and McClean, J. D. (1976) *Defendants in the Criminal Process*. London: Routledge & Kegan Paul.

Bowling, B. (1990) 'Conceptual and methodological problems in measuring "race" differences in delinquency', *British Journal of Criminology*, 30: 483–92.

Bowling, B. (1993) 'Racial harassment and the process of victimization', *British Journal of Criminology*, 33: 231–50.

Bowling, B., Graham, J. and Ross, A. (1994) 'Self-reported offending among young people in England and Wales', in J. Junger-Tas, G. J. Terlouw and M. Klein (eds) *Delinquent Behaviour among Young People in the Western World*. Amsterdam: Kugler.

Box, S. (1971) *Deviance, Reality and Society*. London: Holt, Rinehart and Winston.

Box, S. (1981) *Deviance, Reality and Society*, 2nd edn. London: Holt, Rinehart and Winston.

Box, S. (1983) *Power, Crime and Mystification*. London: Tavistock.

Box, S. (1987) *Recession, Crime and Punishment*. London: Macmillan.

Box, S. and Ford, J. (1971) 'The facts don't fit: on the relationship between social class and criminal behaviour', *Sociological Review*, 19: 31–52.

Braithwaite, J. (1981) 'The myth of social class and criminality reconsidered', *American Sociological Review*, 46: 36–57.

Brake, M. and Hale, C. (1992) *Public Order and Private Lives: The Politics of Law and Order*. London: Routledge.

Brody, S. and Tarling, R. (1980) *Taking Offenders out of Circulation*, Home Office Research Study No. 64. London: HMSO.

Brown, I. and Hullin, R. (1992) 'A study of sentencing in the Leeds magistrates courts: the treatment of ethnic minority and white offenders', *British Journal of Criminology*, 32: 41–53.

Burrows, J. and Tarling, R. (1982) *Clearing Up Crime*, Home Office Research Study No. 73. London: HMSO.

Campbell, A. (1986) 'Self-report of fighting by females', *British Journal of Criminology*, 26: 28–46.

Cantor, D. and Land, K. C. (1985) 'Unemployment and crime-rates in the post-World War II United States: a theoretical and empirical analysis', *American Sociological Review*, 50: 317–32.

Carr-Hill, R. and Drew, D. (1988) 'Blacks, police and crime', in A. Bhat, R. Carr-Hill and S. Ohri (eds) *Britain's Black Population*. Aldershot: Gower.

Carr-Hill, R. and Stern, N. (1979) *Crime, the Police and Criminal Statistics*. London: Academic Press.

Carson, W. G. and Martin, B. (1974) *The Factory Acts*. London: Martin Robertson.

Carson, W. G. and Wiles, P. (eds) (1971) *The Sociology of Crime and Delinquency in Britain*. London: Martin Robertson.

Cernkovich, S. A. and Giordano, P. C. (1979) 'A comparative analysis of male and female delinquency', *Sociological Quarterly*, 20: 131–45.

Cernkovich, S. A., Giordano, P. C. and Pugh, M. D. (1985) 'Chronic offenders: the missing cases in self-report delinquency research', *Journal of Criminal Law and Criminology*, 76: 705–32.

Chambliss, W. J. (ed.) (1969) *Crime and the Legal Process*. New York: McGraw-Hill.

Chambliss, W. J. and Nagasawa, R. H. (1969) 'On the validity of official statistics: a comparison of white, black and Japanese high school boys', *Journal of Research in Crime and Delinquency*, 6: 71–7.

Chiricos, T. G. (1987) 'Rates of crime and unemployment: an analysis of aggregate research evidence', *Social Problems*, 34: 187–212.

Christie, N., Andenaes, J. and Skirbekk, K. (1965) 'A study of self-reported crime', in K. O. Christiansen (ed.) *Scandinavian Studies in Criminology*. London: Tavistock.

Cicourel, A. V. (1976) *The Social Organisation of Juvenile Justice*. London: Heinemann.

Clark, J. and Wenninger, E. (1962) 'Socio-economic class and area as correlates of illegal behaviour among juveniles', *American Sociological Review*, 27: 826–34.

Clark, J. P. and Tifft, L. L. (1966) 'Polygraph and interview validation of self-reported behaviour', *American Sociological Review*, 31: 516–23.

Clarke, R. V. G. (1980) 'Situational crime prevention: theory and practice', *British Journal of Criminology*, 20: 136–47.

Clarke, R. V. and Cornish, D. B. (1985) 'Modelling offenders' decisions: a framework for research and policy', in M. Tonry and N. Morris (eds) *Crime and Justice*, Vol. 6. Chicago: University of Chicago Press.

Clelland, D. and Carter, T. J. (1980) 'The new myth of class and crime', *Criminology*, 18: 319–336.

Cloward, R. and Ohlin, L. (1960) *Delinquency and Opportunity*. New York: Free Press.

Cohen, A. K. (1955) *Delinquent Boys*. New York: Free Press.

Cohen, S. (1973) *Folk Devils and Moral Panics: The Creation of the Mods and Rockers*. London: Paladin.

Cohen, S. (1980) *Folk Devils and Moral Panics: The Creation of the Mods and Rockers*, 2nd edn. Oxford: Basil Blackwell.

Cohen, S. (1981) 'Footprints in the sand: a further report on criminology and the sociology of deviance in Britain', in M. Fitzgerald, G. McLennan and J. Pawson (eds) *Crime and Society*. London: Routledge & Kegan Paul.

Cohen, S. (1985) *Visions of Social Control*. Oxford: Polity Press.

Commission for Racial Equality (1992) *Juvenile Cautioning: Ethnic Monitoring in Practice*. London: CRE.

Cook, D. (1989) *Rich Law, Poor Law: Differential Responses to Tax and Supplementary Benefit Fraud*. Milton Keynes: Open University Press.

Cornish, D. B. and Clarke, R. V. G. (eds) (1986) *The Reasoning Criminal*. New York: Springer-Verlag.

Crawford, A., Jones, T., Woodhouse, T. and Young, J. (1990) *The Second Islington Crime Survey*. London: Centre for Criminology, Middlesex Polytechnic.

Croall, H. (1992) *White Collar Crime*. Buckingham: Open University Press.

Crow, I. and Simon, F. (1987) *Unemployment and Magistrates Courts*. London: NACRO.

Crow, I., Richardson, P., Riddington, C. and Simon, F. (1989) *Unemployment, Crime and Offenders*. London: Routledge.

Cusson, M. and Pinsonneault, P. (1986) 'The decision to give up crime', in D. B. Cornish and R. V. G. Clarke (eds) *The Reasoning Criminal*. New York: Springer-Verlag.

Dentler, R. A. and Monroe, L. J. (1961) 'Social correlates of early adolescent theft', *American Sociological Review*, 26: 733–43.

Dickinson, D. (1993) *Crime and Unemployment*. Cambridge: Institute of Criminology.

Ditton, J. (1979) *Contrology*. London: Macmillan.

Dixon, D. (1991) *From Prohibition to Regulation*. Oxford: Clarendon Press.

Dorn, N., Murji, K. and South, N. (1992) *Traffickers: Drug Markets and Law Enforcement*. London: Routledge.

Douglas, J. (1967) *The Social Meanings of Suicide*. Princeton, NJ: Princeton University Press.

Dowds, L. and Mayhew, P. (1994) *Participation in Neighbourhood Watch: Findings from the 1992 British Crime Survey*, Home Office Research Findings No. 11. London: HMSO.

Durant, M., Thomas, M. and Willcock, H. (1972) *Crime, Criminals and the Law*. London: Office of Population Censuses and Surveys.

Durkheim, E. (1952) *Suicide: A Study in Sociology*. London: Routledge & Kegan Paul.

Dylan, B. (1988) 'Hurricane', *Lyrics: 1962–1985*. London: Paladin.

Elliott, D. S. and Ageton, S. S. (1980) 'Reconciling race and class differences in self-reported and official estimates of delinquency', *American Sociological Review*, 45: 95–110.

Elliott, D. S. and Huizinga, D. (1989) 'Improving self-reported measures of delinquency', in M. W. Klein (ed.) *Cross-National Research in Self-Reported Crime and Delinquency*. Dordrecht: Kluwer.

Elliott, D. S., Huizinga, D. and Ageton, S. S. (1985) *Explaining Delinquency and Drug Use*. Beverly Hills, CA: Sage.

Empey, L. T. and Erickson, M. L. (1966) 'Hidden delinquency and social status', *Social Forces*, 44: 546–54.

Erickson, M. and Empey, L. T. (1963) 'Court records, undetected delinquency and decision making', *Journal of Criminal Law, Criminology and Police Science*, 54: 456–69.

Farnworth, M., Thornberry, T. P., Krohn, M. D. and Lizotte, A. J. (1994) 'Measurement in the study of class and delinquency: integrating theory and research', *Journal of Research in Crime and Delinquency*, 31: 32–61.

Farrington, D. P. (1973) 'Self-reports of deviant behaviour: predictive and stable?', *Journal of Criminal Law and Criminology*, 64: 99–110.

Farrington, D. P. (1979) 'Longitudinal research on crime and delinquency', in N. Morris and M. Tonry (eds) *Crime and Justice*, Vol. 1. Chicago: University of Chicago Press.

Farrington, D. P. (1986) 'Age and crime', in M. Tonry and N. Morris (eds) *Crime and Justice*, Vol. 7. Chicago: University of Chicago Press.

Farrington, D. P. (1989) 'Self-reported and official offending from adolescence to adulthood', in M. W. Klein (ed.) *Cross-National Research in Self-reported Crime and Delinquency*. Dordrecht: Kluwer.

Farrington, D. P. (1994) 'Human development and criminal careers', in M. Maguire, R. Morgan and R. Reiner (eds) *The Oxford Handbook of Criminology*. Oxford: Clarendon.

Farrington, D. P and Burrows, J. N. (1993) 'Did shoplifting really decrease?', *British Journal of Criminology*, 33: 57–69.

Farrington, D. P. and Dowds, E. (1985) 'Disentangling criminal behaviour and police reaction', in D. Farrington and J. Gunn (eds) *Reactions to Crime: The Public, the Police, Courts and Prisons*. Chichester: John Wiley.

Farrington, D. P., Gallagher, B., Morley, L., St Ledger, R. J. and West, D. J. (1986a) 'Unemployment, school leaving and crime', *British Journal of Criminology*, 26: 335–56.

Farrington, D. P., Ohlin, L. E. and Wilson, J. Q. (1986b) *Understanding and Controlling Crime: Towards a New Research Strategy*. New York: Springer-Verlag.

Felson, M. (1994) *Crime and Everyday Life: Insights and Implications for Society*. London: Pine Forge Press.

Field, S. (1990) *Trends in Crime and their Interpretation: A Study of Recorded Crime in Post-War England and Wales*, Home Office Research Study No. 119. London: HMSO.

Fitzgerald, M. (1993a) *Ethnic Minorities and the Criminal Justice System*, The Royal Commission on Criminal Justice: Research Study No. 20. London: HMSO.

Fitzgerald, M. (1993b) '"Racism": establishing the phenomenon', in D. Cook and B. Hudson (eds) *Racism and Criminology*. London: Sage.

Fitzgerald, M. (1995) 'Ethnic differences', in M. A. Walker (ed.) *Interpreting Crime Statistics*. Oxford: Clarendon Press.

Forslund, M. (1975) 'A self-report comparison of Indian and Anglo delinquents in Wyoming', *Criminology*, 13: 193–7.

Foster, J. (1990) *Villains: Crime and Community in the Inner City*. London: Routledge.

Foster, J. and Hope, T. (1993) *Housing, Community and Crime: The Impact of the Priority Estates Project*, Home Office Research Study No. 131. London: HMSO.

Fowles, T. (1993) 'Crown Prosecution Service: issues of implementation', paper presented to British Criminology Conference, Cardiff.

Gardiner, S. (1995) 'Criminal Justice Act 1991: management of the underclass and the potentiality of community', in L. Noaks, M. Levi and M. Maguire (eds) *Contemporary Issues in Criminology*. Cardiff: University of Wales Press.

Garland, D. (1985) 'The criminal and his science', *British Journal of Criminology*, 25: 109–37.

Garland, D. (1994) 'Of crimes and criminals: the development of criminology in Britain', in M. Maguire, R. Morgan and R. Reiner (eds) *The Oxford Handbook of Criminology*. Oxford: Clarendon.

Genn, H. (1988) 'Multiple victimisation', in M. Maguire and J. Pointing (eds) *Victims of Crime: A New Deal?* Milton Keynes: Open University Press.

George, V. and Howards, I. (1991) *Poverty amidst Affluence*. Cheltenham: Edward Elgar.

Giddens, A. (ed.) (1974) *Positivism and Sociology*. London: Heinemann.

Gilroy, P. (1982) 'The myth of black criminality', *The Socialist Register*, 47–56.

Gladstone, F. J. (1978) 'Vandalism among adolescent schoolboys', in R. V. G. Clarke (ed.) *Tackling Vandalism*, Home Office Research Study No. 47. London: HMSO.

Gold, M. (1966) 'Undetected delinquent behaviour', *Journal of Research in Crime and Delinquency*, 3: 27–46.

Gold, M. (1970) *Delinquent Behaviour in an American City*. Belmont, CA: Brooks/Cole.

Goring, C. (1913) *The English Convict*. London: HMSO.

Gormally, B., Lyner, O., Mulligan, G. and Worden, M. (1981) *Unemployment and Young Offenders in Northern Ireland*. Belfast: Northern Ireland Association for the Care and Resettlement of Offenders.

Gottfredson, M. and Hirschi, T. (1987) 'The methodological adequacy of longitudinal research on crime', *Criminology*, 25: 581–614.

Gottfredson, M. and Hirschi, T. (1990) *A General Theory of Crime*. Stanford, CA: Stanford University Press.

Gove, W. R., Hughes, M. and Geerken, M. (1985) 'Are Uniform Crime Reports a valid indicator of the index crimes? An affirmative answer with minor qualifications', *Criminology*, 23: 451–501.

Grace, S., Lloyd, C. and Smith, L. (1992) *Rape: From Recording to Conviction*, Research and Planning Unit Paper No. 17. London: Home Office.

Graham, J. and Bowling, B. (1995) *Young People and Crime*, Home Office Research Study No. 145. London: Home Office.

Gurr, T. (1976) *Rogues, Rebels and Reformers: A Political History of Urban Crime and Conflict*. London: Sage.

Gutzmore, C. (1983) 'Capital, "black youth" and crime', *Race and Class*, 25: 2.

Hagell, A. and Newburn, T. (1994) *Persistent Young Offenders*. London: Policy Studies Institute.

Hale, C. and Sabbagh, D. (1991) 'Testing the relationship between unemployment and crime: a methodological comment and empirical analysis using time series data from England and Wales', *Journal of Research in Crime and Delinquency*, 28: 400–417.

Hall, S., Critcher, C., Clarke, J., Jefferson, T. and Roberts, B. (1978) *Policing the Crisis*. London: Macmillan.

Haney, C., Banks, C. and Zimbardo, P. (1981) 'A study of prisoners and guards in a simulated prison', in D. Potter, J. Anderson, J. Clarke and P. Coombes (eds) *Society and the Social Sciences: An Introduction*. London: Routledge & Kegan Paul.

Hardt, R. G. and Peterson-Hardt, S. (1977) 'On determining the quality of the delinquency self-report method', *Journal of Research in Crime and Delinquency*, 14: 247–61.

Harris, R. and Webb, D. (1987) *Welfare, Power and Juvenile Justice*. London: Tavistock.

Hartless, J., Ditton, J., Nair, G. and Phillips, S. (1995) 'More sinned against than sinning: a study of young teenagers' experience of crime', *British Journal of Criminology*, 35: 114–33.

Harvey, L., Burnham, R. W., Kendall, K. and Pease, K. (1992) 'Gender differences in criminal justice: an international comparison', *British Journal of Criminology*, 32: 208–17.

Hedderman, C. (1995) 'Gender, crime and the criminal justice system', in M. A. Walker (ed.) *Interpreting Crime Statistics*. Oxford: Clarendon Press.

Heidensohn, F. (1989) *Crime and Society*. London: Macmillan.

Hill, M. (1990) *Social Security Policy in Britain*. Aldershot: Edward Elgar.

Hindelang, M. (1976) *Criminal Victimization in Eight American Cities: A Descriptive Analysis of Common Theft and Assault*. Cambridge, MA: Ballinger.

Hindelang, M. J., Hirschi, T. and Weis, J. G. (1979) 'Correlates of delinquency: the illusion of discrepancy between self-report and official measures', *American Sociological Review*, 44: 995–1014.

Hindelang, M., Hirschi, T. and Weis, J. G. (1981) *Measuring Delinquency*, Beverly Hills, CA: Sage.

Hindess, B. (1973) *The Use of Official Statistics in Sociology*. London: Macmillan.

Hirschi, T. (1969) *Causes of Delinquency*. Beverly Hills, CA: University of California Press.

Hirschi, T. and Gottfredson, M. (1983) 'Age and the explanation of crime', *American Journal of Sociology*, 89: 552–84.

Hobbs, D. (1988) *Doing the Business: Entrepreneurship, The Working Class and Detectives in the East End of London*. Oxford: Oxford University Press.

Hobbs, D. (1994) 'Professional and organized crime in Britain', in M. Maguire, R. Morgan and R. Reiner (eds) *The Oxford Handbook of Criminology*. Oxford: Clarendon.

Home Office (1989) *Criminal Statistics England and Wales*. London: HMSO.

Home Office (1993) *Criminal Statistics England and Wales*. London: HMSO.

Home Office (1994a) *Criminal Statistics England and Wales*. London: HMSO.

Home Office (1994b) *Race and the Criminal Justice System 1994*. London: HMSO.

Hood, R. (1992) *Race and Sentencing*. Oxford: Clarendon Press.

Hough, M. (1986) 'Victims of violent crime: findings from the first British Crime Survey', in E. Fattah (ed.) *From Crime Policy to Victim Policy*. London: Macmillan.

Hough, M. and Mayhew, P. (1983) *The British Crime Survey: First Report*. London: HMSO.

Hudson, B. (1989) 'Discrimination and disparity: the influence of race on sentencing', *New Community*, 16: 23–34.

Huizinga, D. and Elliott, D. S. (1986) 'Reassessing the reliability and validity of self-report delinquency measures', *Journal of Quantitative Criminology*, 2: 293–327.

Jefferson, T. (1993) 'The racism of criminalization: police and the production of the criminal other', in L. Gelsthorpe (ed.) *Minority Ethnic Groups in the Criminal Justice System*, Cropwood Conference Series No. 21. Cambridge: The Institute of Criminology, University of Cambridge.

Jefferson, T. and Walker, M. A. (1990) 'Ethnic minorities in the criminal justice system', *Criminal Law Review*, 83–95.

Jensen, G. F. and Eve, R. (1976) 'Sex differences in delinquency: an examination of popular sociological explanations', *Criminology*, 13: 427–48.

Johnson, R. E. (1979) *Juvenile Delinquency and its Origins*. London: Cambridge University Press.

Jones, T., McLean, B. and Young, J. (1986) *The Islington Crime Survey*. Aldershot: Gower.

Joseph Rowntree Foundation (1995) *Inquiry into Income and Wealth*. York: Joseph Rowntree Foundation.

Junger, M. (1989) 'Discrepancies between police and self-report data for Dutch racial minorities', *British Journal of Criminology*, 29: 273–84.

Junger-Tas, J. (1989) 'Self-report delinquency research in Holland with a perspective on international comparison', in M. W. Klein (ed.) *Cross-National Research in Self-Reported Crime and Delinquency*. Dordrecht: Kluwer.

Junger-Tas, J., Terlouw, G. J. and Klein, M. (eds) (1994) *Delinquent Behaviour among Young People in the Western World: First Results of the International Self-Report Delinquency Study*. Amsterdam: Kugler.

Jupp, V. (1989) *Methods of Criminological Research*. London: Unwin Hyman.

Kelman, H. C. (1978) 'Human use of human subjects: the problem of deception in social psychological experiments', in J. Bynner and K. M. Stribley (eds) *Social Research: Principles and Procedures*. Harlow: Longman.

Kinsey, R. (1984) *Merseyside Crime Survey*. Edinburgh: Centre for Criminology, University of Edinburgh.

Kitsuse, J. and Cicourel, A. (1963) 'A note on the uses of official statistics', *Social Problems*, 11: 131–9.

Klein, M. W. (ed.) (1989) *Cross-National Research in Self-Reported Crime and Delinquency*. Dordrecht: Kluwer.

Lambert, J. R. (1970) *Crime, Police and Race Relations*. London: Oxford University Press.

Landau, S. and Nathan, G. (1983) 'Selecting delinquents for cautioning in the London metropolitan area', *British Journal of Criminology*, 23: 128–48.

Lea, J. and Young, J. (1993) *What Is to Be Done about Law and Order?* 2nd edn. London: Pluto Press.

Levi, M. (1993) *The Investigation, Prosecution and Trial of Serious Fraud*, Royal Commission on Criminal Justice Research Study No. 14. London: HMSO

Levi, M. (1994) 'Violent crime', in M. Maguire, R. Morgan and R. Reiner (eds) *The Oxford Handbook of Criminology*. Oxford: Clarendon.

Levine, J. (1976) 'The potential for overreporting in victimization surveys', *Criminology*, 14: 307–27.

MacLean, B. (1991) 'In partial defence of socialist realism: some theoretical and methodological concerns of the local crime survey', *Crime, Law and Social Change*, 15: 213–54.

McCabe, S. and Sutcliffe, F. (1978) *Defining Crime: A Study of Police Decisions*. Oxford: Blackwell.

McClintock, F. H. and Avison, N. H. (1968) *Crime in England and Wales*. London: Heinemann.

McConville, M., Sanders, A. and Leng, R. (1991) *The Case for the Prosecution: Police Suspects and the Construction of Criminality*. London: Routledge.

McDonald, L. (1969) *Social Class and Delinquency*. London: Faber.

McLeary, R., Nienstedt, B. C. and Erven, J. M. (1982) 'Uniform Crime Reports as organizational outcomes: three time series experiments', *Social Problems*, 29: 361–72.

Maguire, M. (1994) Crime statistics, patterns and trends: changing perceptions and their implications, in M. Maguire, R. Morgan and R. Reiner (eds) *The Oxford Handbook of Criminology*. Oxford: Clarendon.

Maguire, M. and Corbett, C. (1987) *The Effects of Crime and the Work of Victim Support Schemes*. Aldershot: Gower.

Maguire, M. and Pointing, J. (eds) (1988) *Victims of Crime: A New Deal?* Milton Keynes: Open University Press.

Matza, D. (1969) *Becoming Deviant*. Englewood Cliffs, NJ: Prentice Hall.

Mawby, R. (1979) *Policing the City*. Farnborough: Saxon House.

Mawby, R., McCulloch, J. W. and Batta, I. D. (1979) 'Crime amongst Asian juveniles in Bradford', *International Journal of the Sociology of Law*, 7: 297–306.

Maxfield, M. T., Lewis, D. A. and Szoc, R. (1980) 'Producing official crimes: verified crime reports as measures of police output', *Social Science Quarterly*, 61: 221–36.

May, C. (1990) *Household Fires: Findings from the British Crime Survey 1988*, Research and Planning Unit Paper No. 57. London: HMSO.

Mayhew, P. and Elliot, D. P. (1990) 'Self-reported offending, victimization and the British Crime Survey', *Victims and Violence*, 5: 83–96.

Mayhew, P. and Hough, M. (1988) 'The British Crime Survey: origins and impact', in M. Maguire and J. Pointing (eds) *Victims of Crime: A New Deal?* Milton Keynes: Open University Press.

Mayhew, P., Clarke, R. V. G., Sturman, A. and Hough, J. M. (1976) *Crime as Opportunity*, Home Office Research Study No. 34. London: HMSO.

Mayhew, P., Elliott, D. and Dowds, L. (1989) *The 1988 British Crime Survey*, Home Office Research Study No. 111. London: HMSO.

Mayhew, P., Aye Maung, N. and Mirrlees-Black, C. (1993) *The 1992 British Crime Survey*, Home Office Research Study No. 132. London: HMSO.

Mayhew, P., Mirrlees-Black, C. and Aye Maung, N. (1994) *Trends in Crime: Findings from the 1994 British Crime Survey*, Home Office Research Findings No. 14. London: HMSO.

Mays, J. B. (1963) *Crime and the Social Structure*. London: Faber.

Mays, J. B. (1967) *Crime and the Social Structure*, 2nd edn. London: Faber.

Merton, R. (1956) 'The social-cultural environment and anomie', in H. Witmer and R. Kotinsky (eds) *New Perspectives for Research on Juvenile Delinquency*. Washington DC: US Government Printing Office.

Merton, R. (1957) *Social Theory and Social Structure*. New York: Free Press.

Miller, F., Court, S., Knox, E. and Brandon, S. (1974) *The School Years in Newcastle-upon-Tyne*. London: Oxford University Press.

Mirrlees-Black, C. and Aye Maung, N. (1994) *Fear of Crime: Findings from the 1992 British Crime Survey*, Home Office Research Findings No. 9. London: HMSO.

Mirrless-Black, C. (1995) 'Estimating the extent of domestic violence: findings from the 1992 British Crime Survey', *Research Bulletin* No. 37: 1–9. London: Home Office Research and Planning Unit.

Moffitt, T. E. (1989) 'Accommodating self-report methods to a low-delinquency culture: a longitudinal study from New Zealand', in M. W. Klein (ed.) *Cross-National Research in Self-Reported Crime and Delinquency*. Dordrecht: Kluwer.

Morris, A. (1987) *Women, Crime and Criminal Justice*. Oxford: Basil Blackwell.

Morris, N. and Hawkins, G. (1970) *The Honest Politician's Guide to Crime Control*. London: University of Chicago Press.

Morris, P. and Heal, K. (1981) *Crime Control and the Police*. London: Home Office Research Unit.

Morris, T. (1957) *The Criminal Area: A Study in Social Ecology*. London: Routledge & Kegan Paul.

Morris, T. (1989) *Crime and Criminal Justice since 1945*. Oxford: Basil Blackwell.

Mott, J. (1985) *Adult Prisons and Prisoners in England and Wales 1970–1982*, Home Office Research Study No. 84. London: HMSO.

Mott, J. and Mirrlees-Black, C. (1993) *Self-Reported Drug Misuse in England and Wales: Main Findings from the 1992 British Crime Survey*, Research Findings No. 7. London: Home Office Research and Statistics Department.

Murphy, F., Shirley, M. and Witmer, H. (1946) 'The incidence of hidden delinquency', *American Journal of Orthopsychiatry*, 16: 686–96.

Myrdal, G. (1962) *Challenge to Affluence*. London: Victor Gollancz.

Nelken, D. (1994) 'White-collar crime', in M. Maguire, R. Morgan and R. Reiner (eds) *The Oxford Handbook of Criminology*. Oxford: Clarendon.

Norris, C., Fielding, N., Kemp, C. and Fielding, J. (1992) 'Black and blue: an analysis of the influence of race on being stopped by the police', *British Journal of Sociology*, 43: 207–24.

Northumbria Police (1980) *Annual Report of the Chief Constable*. Ponteland: Northumbria Police.

Nye, F. I. (1958) *Family Relationships and Delinquent Behaviour*. New York: Wiley.

Nye, F. I. and Short, J. F. (1957) 'Scaling delinquent behaviour', *American Sociological Review*, 22: 326–31.

Nye, F. I., Short, J. F. and Olson, V. J. (1958) 'Socio-economic status and delinquent behaviour', *American Journal of Sociology*, 63: 381–9.

O'Brien, R. (1985) *Crime and Victimization Data*. London: Sage.

Orme, J. (1994) *A Study of the Relationship between Unemployment and Recorded Crime*, Home Office Statistical Findings No.1. London: Home Office Research and Statistics Department.

Ouston, J. (1984) 'Delinquency, family background and educational attainment', *British Journal of Criminology*, 24: 2–26.

Painter, K. (1991) *Wife Rape, Marriage and the Law: Survey Report*. Manchester: Faculty of Economic and Social Studies, University of Manchester.

Pearce, F. and Tombs, S. (1992) 'Realism and corporate crime', in R. Matthews and J. Young (eds) *Issues in Realist Criminology*. London: Sage.

Pearson, G. (1983) *Hooligan: A History of Respectable Fears*. London: Macmillan.

Pearson, G. (1994) 'Youth, crime and society', in M. Maguire, R. Morgan and R. Reiner (eds) *The Oxford Handbook of Criminology*. Oxford: Clarendon.

Pease, K. (1988) *Judgments of Crime Seriousness: Evidence from the 1984 British Crime Survey*, Research and Planning Unit Paper No. 44. London: HMSO.

Pepinsky, H. (1976) 'Police patrolmen's offence reporting behaviour', *Journal of Research in Crime and Delinquency*, 13: 33–47.

Pick, D. (1989) *Faces of Degeneration*. Cambridge: Cambridge University Press.

Plummer, K. (1979) 'Misunderstanding labelling perspectives', in D. Downes and P. Rock (eds) *Deviant Interpretations*. Oxford: Martin Robertson.

Pollak, O. (1961) *The Criminality of Women*. New York: A. S. Barnes.

Porterfield, A. L. (1946) *Youth in Trouble*. Fort Worth, TX: Leo Potishman Foundation.

Pyle, D. J. and Deadman, D. F. (1994) 'Crime and the business cycle in post-war Britain', *British Journal of Criminology*, 34: 339–57.

Quinney, R. (1970) *The Social Reality of Crime*. Boston: Little, Brown.

Reilly, B. and Witt, R. (1992) 'Crime and unemployment in Scotland', *Scottish Journal of Political Economy*, 39: 213–28.

Reiner, R. (1993) 'Race, crime and justice: models of interpretation', in L. Gelsthorpe (ed.) *Minority Ethnic Groups in the Criminal Justice System*, Cropwood Conference Series No. 21. Cambridge: The Institute of Criminology, University of Cambridge.

Reiss, A. J. and Rhodes. A. L. (1961) 'The distribution of juvenile delinquency in the social class structure', *American Sociological Review*, 26: 720–32.

Reuband, K. (1989) 'On the use of self-reports in measuring crime among adults: methodological problems and prospects', in M. W. Klein (ed.) *Cross-National Research in Self-Reported Crime and Delinquency*. Dordrecht: Kluwer.

Riley, D. (1984) 'Drivers' beliefs about alcohol and the law', *Research Bulletin* No. 17: 32–5. London: Home Office Research and Planning Unit.

Riley, D. (1985) 'Drinking drivers: the limits to deterrence', *The Howard Journal of Criminal Justice*, 24: 241–56.

Riley, D. and Shaw, M. (1985) *Parental Supervision and Juvenile Delinquency*, Home Office Research Study No. 83. London: HMSO.

Ringen, S. (1989) *The Possibility of Politics*. Oxford: Clarendon Press.

Robinson, W. S. (1950) 'Ecological correlations and the behaviour of individuals', *American Sociological Review*, 15: 351–7.

Rosenfeld, R. and Messner, S. (1995) 'Crime and the American dream: an institutional analysis', in F. Adler and W. S. Laufer (eds) *The Legacy of Anomie Theory*. London: Transaction Publishers.

Runciman, W. G. (1972) *Relative Deprivation and Social Justice*. Harmondsworth: Penguin.

Rutter, M. and Giller, H. (1983) *Juvenile Delinquency: Trends and Perspectives*. London: Penguin.

Sarnecki, J. (1989) 'Self-reported and recorded data on drug abuse and delinquency on 287 men in Stockholm', in M. W. Klein (ed.) *Cross-National Research in Self-Reported Crime and Delinquency*. Dordrecht: Kluwer.

Schur, E. M. (1965) *Crimes without Victims: Deviant Behaviour and Public Policy*. Englewood Cliffs, NJ: Prentice Hall.

Sellin, T. (1938) *Culture Conflict and Crime*. New York: Social Science Research Council.

Sellin, T. (1951) 'The significance of records of crime', *The Law Quarterly Review*, 67: 489–504.

Sellin, T. and Wolfgang, M. (1968) *The Measurement of Delinquency*. New York: Wiley.

Shah, R. and Pease, K. (1992) 'Crime, race and reporting to the police', *The Howard Journal*, 31: 192–9.

Shallice, A. and Gordon, P. (1990) *Black People, White Justice? Race and the Criminal Justice System*. London: Runnymede Trust.

Shaw, C. R. and McKay, H. D. (1942) *Juvenile Delinquency and Urban Areas*. Chicago: University of Chicago Press.

Short, J. F. and Nye, F. I. (1957) 'Reported behaviour as a criterion of deviant behaviour', *Social Problems*, 5: 207–13.

Simon, R. (1975) *Women and Crime*. Toronto/London: Lexington Books.

Skogan, W. (1976) 'Crime and crime rates', in W. G. Skogan (ed.) *Sample Surveys of the Victims of Crime*. Cambridge, MA: Ballinger.

Skogan, W. (1978) *Victimization Surveys and Criminal Justice Planning*, Law Enforcement Assistance Administration. Washington DC: US Government Printing Office.

Skogan, W. (1986) 'Methodological issues in the study of victimization', in E. Fattah (ed.) *From Crime Policy to Victim Policy*. London: Macmillan.

Smart, C. (1976) *Women, Crime and Criminology*. London: Routledge & Kegan Paul.

Smart, C. (1979) 'The new female criminal: reality or myth?', *British Journal of Criminology*, 19: 50–61.

Smith, D. A. and Visher, C. A. (1981) 'Street-level justice: situational determinants of police arrest decisions', *Social Problems*, 29: 167–77.

Smith, D. J. (1983) *Police and People in London: A Survey of Londoners*. London: Policy Studies Institute.

Smith, D. J. and Gray, J. (1985) *Police and People in London*. Aldershot: Gower.

Smith, L. (1989a) *Concerns about Rape*, Home Office Research Study No. 106. London: HMSO.

Smith, L. (1989b) *Domestic Violence*. London: HMSO.

Smithies, E. (1982) *Crime in Wartime: A Social History of Crime in World War II*. London: George Allen & Unwin.

South, N. (1994) 'Drugs: control, crime, and criminological studies', in M. Maguire, R. Morgan and R. Reiner (eds) *The Oxford Handbook of Criminology*. Oxford: Clarendon.

Sparks, R. (1981) 'Surveys of victimization: an optimistic assessment', in M. Tonry and N. Morris (eds) *Crime and Justice: An Annual Review of Research*, Vol. 3. London: University of Chicago Press.

Sparks, R., Genn, H. and Dodd, D. (1977) *Surveying Victims*. Chichester: Wiley.

Stanko, E. (1988) 'Hidden violence against women', in M. Maguire and J. Pointing (eds) *Victims of Crime: A New Deal?* Milton Keynes: Open University Press.

Steffensmeier, D. and Allan, E. (1995) 'Age-inequality and property crime', in J.

Hagan and R. Peterson (eds) *Crime and Inequality*. Stanford, CA: Stanford University Press.

Steffensmeier, D. and Harer, M. (1991) 'Did crime rise or fall during the Reagan presidency? The effects of an "aging" population on the nation's crime rate', *Journal of Research in Crime and Delinquency*, 28: 330–59.

Stinchcombe, A. (1963) 'Institutions of privacy in the determination of police administrative practice', *American Journal of Sociology*, 69: 150–60.

Sutherland, E. (1940) 'White collar criminality', *American Sociological Review*, 5: 1–12.

Sutherland, E. H. (1949) *White Collar Crime*. New York: Dryden.

Sutherland, E. and Cressey, D. (1960) *Principles of Criminology*, 6th edn. Chicago: Lippincott.

Tarling, R. (1982) 'Crime and unemployment', *Research Bulletin* No. 12. London: Home Office Research and Planning Unit.

Tarling, R. (1993) *Analysing Offending: Data, Models and Interpretation*. London: HMSO.

Taylor, I. (1994) 'The political economy of crime', in M. Maguire, R. Morgan and R. Reiner (eds) *The Oxford Handbook of Criminology*. Oxford: Clarendon.

Taylor, I., Walton, P. and Young, J. (1973) *The New Criminology*. London: Routledge & Kegan Paul.

Taylor, I., Walton, P. and Young, J. (eds) (1975) *Critical Criminology*. London: Routledge & Kegan Paul.

Thomas, C. W. and Hyman, J. M. (1978) 'Compliance theory, control theory and juvenile delinquency', in M. D. Krohn and R. L. Akers (eds) *Crime, Law and Sanctions*. London: Sage.

Thornberry, T. P. (1989) 'Panel effects and the use of self-reported measures of delinquency in longitudinal studies', in M. W. Klein (ed.) *Cross-National Research in Self-Reported Crime and Delinquency*. Dordrecht: Kluwer.

Thornberry, T. P. and Farnworth, M. (1982) 'Social correlates of criminal involvement: further evidence on the relationship between social status and criminal behaviour', *American Sociological Review*, 47: 505–18.

Tittle, C. R. and Villemez, W. (1977) 'Social class and criminality', *Social Forces*, 56: 474–503.

Tittle, C. R., Villemez, W. J. and Smith, D. A. (1978) 'The myth of social class and criminality: an empirical assessment of the empirical evidence', *American Sociological Review*, 43: 643–56.

Townsend, P. (1979) *Poverty in the United Kingdom: A Survey of Household Resources and Standards of Living*. Harmondsworth: Penguin.

Van Dijk, J, and Mayhew, P. (1992) *Criminal Victimisation in the Industrialised World: Key Findings of the 1989 and 1992 International Crime Surveys*. The Hague, Netherlands: Directorate for Crime Prevention.

Van Dijk, J., Mayhew, P. and Killias, M. (1990) *Experiences of Crime across the World: Key Findings of the 1989 International Crime Survey*. Boston: Kluwer.

Voss, H. L. (1966) 'Socio-economic status and reported delinquent behaviour', *Social Problems*, 13: 314–24.

Waddington, P. A. J. (1986) 'Mugging as a moral panic', *British Journal of Sociology*, 37: 245–59.

Wadsworth, M. (1979) *Roots of Delinquency*. Oxford: Martin Robertson.

Walker, M. A. (1981) *Crime: Reviews of United Kingdom Statistical Sources*, Vol. XV. Oxford: Pergamon Press.

Walker, M. A. (1989) 'The court disposal and remands of white, Afro-Caribbean, and Asian men 1983', *British Journal of Criminology*, 29: 353–67.

Walker, M. A. (1992) 'Do we need a clear-up rate?', *Policing and Society*, 2: 293–306.

Walker, M. A. (ed.) (1995) *Interpreting Crime Statistics*. Oxford: Clarendon Press.

Walker, M. A., Jefferson, T. and Seneviratne, M. (1990) *Ethnic Minorities, Young People and the Criminal Justice System: Main Report*. Sheffield: Centre for Criminological and Socio-Legal Studies, University of Sheffield.

Walker, N. (1971) *Crimes, Courts and Figures: An Introduction to Criminal Statistics*. Harmondsworth: Penguin.

Walklate, S. (1989) *Victimology: The Victim and the Criminal Justice Process*. London: Unwin Hyman.

Wallerstein, J. and Wyle, C. (1947) 'Our law abiding law-breakers', *Probation*, 25: 107–12.

Walmsley, R., Howard, L. and White, S. (1992) *The National Prison Survey 1991: Main Findings*, Home Office Research Study No. 128. London: HMSO.

Weiss, J. (1976) 'Liberation and crime: the invention of the new female criminal', *Crime and Social Justice*, 6: 17–27.

Weitekamp, E. (1989) 'Some problems with the use of self-reports in longitudinal research', in M. W. Klein (ed.) *Cross-National Research in Self-Reported Crime and Delinquency*. Dordrecht: Kluwer.

Wells, J. (1995) *Crime and Unemployment*, Economic Report Vol. 9. London: Employment Policy Institute.

West, D. J. (1969) *Present Conduct and Future Delinquency*. London: Heinemann.

West, D. J. (1982) *Delinquency: Its Roots, Careers and Prospects*. London: Heinemann.

West, D. J. and Farrington, D. P. (1973) *Who Becomes Delinquent?* London: Heinemann.

West, D. J. and Farrington, D. P. (1977) *The Delinquent Way of Life*. London: Heinemann.

Wheeler, S. (1967) 'Criminal statistics: a reformulation of the problem', *Journal of Criminal Law, Criminology and Police Science*, 56: 277–84.

Wiles, P. (1971) 'Criminal statistics and sociological explanations of crime', in W. Carson and P. Wiles (eds) *The Sociology of Crime and Delinquency in Britain: The British Tradition*. Oxford: Martin Robertson.

Wilkins, L. (1960) *Delinquent Generations*. London: Home Office Research Unit.

Wilkins, L. (1964) *Social Deviance: Social Policy, Action and Research*. London: Tavistock.

Williams, J. R. and Gold, M. (1972) 'From delinquent behaviour to official delinquency', *Social Problems*, 20: 209–29.

Willis, C. F. (1983) *The Use, Effectiveness and Impact of Police Stop and Search Powers*, Home Office Research and Planning Unit Paper No. 15. London: HMSO.

Wilson, J. Q. and Herrnstein, R. J. (1985) *Crime and Human Nature*. New York: Simon & Schuster.

Wise, N. B. (1967) 'Juvenile delinquency among middle class girls', in E. W. Vaz (ed.) *Middle Class Juvenile Delinquency*. New York: Harper and Row.

Wolfgang, M. E., Figlio, R. M. and Sellin, T. (1972) *Delinquency in a Birth Cohort*. Chicago: Chicago University Press.

Wolfgang, M. E., Thornberry, T. P. and Figlio, R. M. (1987) *From Boy to Man, From Delinquency to Crime*. Chicago: University of Chicago Press.

Young, J. (1971) *The Drugtakers*. London: Paladin.

Young, J. (1986) 'The failure of criminology', in R. Matthews and J. Young (eds) *Confronting Crime*. London: Sage.

Young, J. (1988a) 'Radical criminology in Britain: the emergence of a competing paradigm', in P. Rock (ed.) *A History of British Criminology*. Oxford: Clarendon Press.

Young, J. (1988b) 'Risk of crime and fear of crime: a realist based critique of survey-based assumptions', in M. Maguire and J. Pointing (eds) *Victims of Crime: A New Deal?* Milton Keynes: Open University Press.

Young, J. (1992) 'Ten points of realism', in J. Young and R. Matthews (eds) *Rethinking Criminology: The Realist Debate*. London: Sage.

Young, J. (1994) 'Incessant chatter: current paradigms in criminology', in M. Maguire, R. Morgan and R. Reiner (eds) *The Oxford Handbook of Criminology*. Oxford: Clarendon.

Young, J. and Matthews, R. (1992) 'Questioning left realism', in R. Matthews and J. Young (eds) *Issues in Realist Criminology*. London: Sage.

Young, M. (1991) *An Inside Job*. Oxford: Clarendon Press.

Zedner, L. (1994) 'Victims', in M. Maguire, R. Morgan and R. Reiner (eds) *The Oxford Handbook of Criminology*. Oxford: Clarendon.

# 译后记

《解读犯罪统计数据》这本书是英国威尔士大学卡迪夫学院编写的“犯罪与司法丛书”中的一本，这套丛书涉及的内容比较广泛，不仅包括犯罪学基本理论、刑事司法制度、犯罪预防的理论和实践，还包括诸如暴力犯罪、白领犯罪、少年犯罪等类型犯罪的内容。每本书的作者都是英国有着丰富研究和教学经验的专家。这本书研究的内容是关于犯罪统计数据及其在犯罪学研究中应用方面的。在书中，作者不仅介绍了各种犯罪统计的历史发展、优缺点及其相关的一些著名研究项目，而且指出了犯罪统计在犯罪研究中的作用及其在应用中应注意的问题。作者指出了各个形式的犯罪统计的主要功能及如何与其他形式统计数据的配套使用的问题。我们现在所说的官方统计、自我报告研究及被害调查主要是在美国发展起来的，在书中，作者指出了这些形式的统计在英国如何使用的问题，这不仅避免了生搬硬套的移植，而且注意到了犯罪学研究中的地域、国家、种族等方面的限制问题。这说明了作者把理论性研究和具体的应用紧密地结合了起来。

这是一本英国开放大学的教材，但是，正如丛书主编所指出的，在介绍一般性的犯罪统计的知识的同时，并兼顾了对这一领域的探索性研究。这也许是我们在编写教材时应该吸取的经验。

犯罪统计是把握犯罪现象的基本手段和途径，相对而言，我国比较缺乏这方面的实践，更缺乏这一领域的研究。就官方统计而言，美国有“犯罪统一报告”（UCR）、英国有“犯罪调查”、日本有“犯罪白皮书”和“警察白皮书”，这些由官方统计汇总的、公开出版的资料都是政府部门决策和犯罪研究的基本文献。而我国还缺乏公开的类似的犯罪统计资料，这对犯罪学研究来说是一种缺憾！这种缺憾在某种程度上导致了我国的犯罪研究更多的是定性研究，同时也在一定程度上限制了我国应用犯罪学的发展。值得欣慰的是，我国目前也开始在实践上注意了犯罪统计工作，实践部门和一些犯罪学研究者也开始了这方面的探索，因此，我们相信，在不久的将来，我国的犯罪统计也会呈现一片繁荣的景象，这将会大大促进我国犯罪学事业和刑事政策的发展，也因此会日益促进我国社会犯罪的减少，促进社会和谐发展！希望我们译介的这本书能够促进我国犯罪统计事业和研究的发展。

翻译是一种比较艰难的事业，非专业者很难达到“信且达”，更不必言“雅”。本书不仅涉及诸多的犯罪学知识和理论，而且涉及社会科学方法论的问题，翻译起来并非易事，但是各位译者尽自己所能，力求给读者一个“信且达”的结果。然而，由于译者水平有限，难免会有不达之处，敬请读者原谅，并多提宝贵意见。本书的翻译工作是由中国人民公安大学犯罪学系犯罪学教研室的部分教师和犯罪学专业的研究生合作完成的，具体分工如下：

从书主编序言、作者序言：靳高风译；

第一章：靳高风、井娜译；

第二章、第六章：郝英兵译；

第三章、第五章：曹虹译；

第四章：李春雷、李冠东译；

第七章：靳高风、齐静端译；

词汇表：靳高风、齐静端译；

全书最后由靳高风校订。